# 不做虎妈 不做狼爸

## 美国幼儿园给家长的备忘录

王敏◎著

江苏人民出版社

**图书在版编目（CIP）数据**

不做虎妈 不做狼爸 / 王敏著 . -- 南京：江苏人民出版社，
2013.11
ISBN 978-7-214-11305-4

Ⅰ．①不… Ⅱ．①王… Ⅲ．①幼儿教育－家庭教育
Ⅳ．① G78

中国版本图书馆 CIP 数据核字（2013）第 281171 号

| | |
|---|---|
| 书 名 | 不做虎妈 不做狼爸 |
| 著 者 | 王 敏 |
| 责 任 编 辑 | 朱 超 |
| 装 帧 设 计 | 昇 一 |
| 出 版 发 行 | 凤凰出版传媒股份有限公司 |
| | 江苏人民出版社 |
| 出 版 社 地 址 | 南京市湖南路1号A楼，邮编：210009 |
| 出 版 社 网 址 | http://www.book-wind.com |
| | http://jsrmcbs.tmall.com |
| 经 销 | 凤凰出版传媒股份有限公司 |
| 版 式 设 计 | 艺彩书装 |
| 印 刷 | 北京中印联印务有限公司 |
| 开 本 | 718 毫米 ×1000 毫米 1/16 |
| 印 张 | 16.5 |
| 字 数 | 251 千字 |
| 版 次 | 2014 年 4 月第 1 版 2014 年 11 月第 2 次印刷 |
| 标 准 书 号 | ISBN978-7-214-11305-4 |
| 定 价 | 35.00元 |

# 目 录 CONTENTS

## ·第三辑·

### 犯错是我成长的常态

## ·第四辑·

### 我是家中的"小大人"

· 第五辑 ·

## 天使偶尔也会撒谎

· 第六辑 ·

## 我有小病痛别紧张

· 第七辑 ·

## 你的惩罚应多些艺术

## ·第十七辑·
### 说话算话的你会让我崇拜

## ·第十八辑·
### 请跟我说声"对不起"

## ·第十九辑·
### "痛苦"是我成长的调味剂

# 前 言

　　不同的文化背景，不同的教育方式，使得美国的教育理念与很多国家之间有着天壤之别。在美国的教育中，非常注重对孩子的信心、责任心、专业能力、个性和独立性等方面的培养；教育者非常提倡运用鼓励、引导和说理等方式教育孩子；在绝大多数美国家长的意识中，没有不优秀的孩子，只有不会教的父母，也没有不聪明的宝宝，只有不成功的教育。

　　虽然因为教育理念和疼爱方式的不同，会使家长在培养孩子的过程中采取不同的行动，但倾毕生之爱给自己的孩子，在人类世界中却是相通的。

　　幼儿阶段是人生的启蒙时期。一个人无论是身体还是心智，都会深深地烙下这一阶段的印迹，甚至人生的走向也深受这一阶段的影响。所以，如何科学有效地进行幼儿教育，越来越受到全世界广大家长们的重视。

　　卢梭曾经说过："教育就是成长。"

　　所以，对于幼儿家长们来说，最好的教育就是帮助孩子科学成长。只是，什么样的成长才是科学成长呢？

　　大多家长都有这样的体会：自认为在教育孩子的过程中付出了

巨大心血，在孩子那儿却往往"不被领情"，于是挫败感也常常伴随着孩子的成长不断袭来。

到底是什么原因呢？

其实很简单，这主要根源于家长并不真正了解孩子的内心世界，没有真正做到从孩子的立场和角度考虑问题。如此，好的教育方法也就无从开展。

好在阅读像一扇窗户，可以启迪家长关于教育问题的新思考，打开家长尘封的视野。而有益的借鉴，更能让家长在教育孩子的过程中少走弯路。

《不做虎妈，不做狼爸》即讲述了美国幼儿教育中的精华理论。全书是在美国优秀幼儿教育工作者为家长们提出的多个备忘录基础上，结合美国家庭教育中的丰富事例，运用理论与实践操作紧密结合的著述方法，系统性地阐释了当下幼儿教育中普遍存在的本质问题。

同时，书中以客观科学的视角，有针对性地提出了实用建议，能够让家长在轻松愉快的阅读中领悟到众多教育的真谛。

当然，任何经验都不能照本宣科地为我们提供完整的解决方案。书中的人物和事例，也只能作为一面镜子，为家长们在教育和培养孩子的实践中提供参考或借鉴。

在读完本书后，即便您的孩子看起来问题成堆，但您也一定会相信这样的道理：每个孩子都是独立的个体，都有独立的个性和人格，尊重孩子的个性特点，就一定可以找到正确有效的教子方法。所以，面对未来，就让我们和孩子一起微笑吧！

谨在此，祝每一个孩子都健康快乐地成长，祝每一位家长都能够在教育孩子的过程中日渐成熟，并获得深深的幸福感。

# 给我的爱
# 要有极限

给家长的备忘录：

别溺爱我。我很清楚地知道，我不应该得到每一样我所要求的东西，我哭闹不休其实只是在试探你。

　　每个孩子都是上帝牵着手带到世界上来的，每个孩子都是父母心中的宝贝，父母们都想尽最大的努力给孩子最多的幸福。

　　在孩子成长的道路上，父母的天职就是尽量满足孩子各方面的需求。但是，如果一味满足孩子提出的任何要求，孩子就会被被宠坏，将不再是一个快乐的孩子，这样的家庭教育也属于非理性的过度宠爱，被称为溺爱型教育。

　　溺爱最根本的表现，就是迁就和姑息孩子的错误。在很多家长看来，宝宝在家庭中处于特殊的地位，是家庭的中心人物，又属于最柔弱的成长阶段，所以在对待孩子任性、骄横的行为时，就不由自主地采取百依百顺的态度。

　　然而溺爱如同漩涡，会让孩子和父母都越陷越深。

　　一味地纵容孩子，事事为他（她）代劳，无异于给了孩子一件美丽的衣服，却不告诉他（她）穿衣的方法。大量的实践和理论研究表明，如此的教育方式，等同于亲手扼杀掉孩子的独立意识和自制潜力。


## § 哭是我试探你的方式

　　哭是人类表达情感的一种方式，孩子的哭通常是表达需要的一种手段，是他们与生俱来的与外界交流的信息符号。孩子的需求得不到满足或者身体感到不适，都会用哭来寻求表达。

　　对于父母而言，没有什么比孩子的哭声更令他们揪心了。面对孩子的哭声，及时做出反应，不仅可以增强亲子之间的情感交流，还可以加强孩子的安全感。那些在哭泣时得到回应的孩子，会更加信任父母，从而减少心理上的焦虑。

　　然而也正是有过一次次的经历，生活中有的孩子学会了用哭来要挟父母，以期望通过哭声来满足自己的要求。此时，家长们就要学会正确区分孩子哭闹的原因了。

如果是孩子身体感到了不舒服，就要及时送去医院；倘若孩子只是想要某种需求得到满足，家长就要弄明白小家伙是不是在试探你了。如果属于合理的要求，父母可以适当考虑；反之，绝不能一味迁就，否则会给孩子一种哭可以作为威胁手段使用的心理暗示。

可爱的托比就很少用哭闹撒赖的方式来要挟父母，因为他一次也没有成功过。

其实，在上了幼儿园小班后，托比就曾运用过跟其他小朋友学来的"技能"——哭的方式撒赖。

一次晚餐，托比不想吃三明治中的火腿，只想吃面，遭到了妈妈的反对，他便哭着躺在了地上。只是家里人全然没去理会他，大家都正常地吃饭、看电视，就当没听到他哭一样。

当妈妈起身开始扫地时，她对托比说："宝贝儿，躺过去一点，我要扫地，别挡着我了，我扫完你再躺回来哭好吗？"

小托比听了妈妈的话，挪了地方继续哭。

过一会儿妈妈说："好了，你可以躺回来了。"

两岁半的托比竟然真的又躺回原地，继续哭了起来，全家人都躲起来狂笑不止。

半小时后，托比终于懂得，哭这一手段在自己家人面前不起作用，他便小心翼翼地爬起来，找到爸爸、妈妈说："其实火腿也很好吃"。说完，就跑到餐桌旁把火腿三明治吃了个干干净净。

此后，当托比在商场里看到有小朋友因为想买玩具而躺在地上哭闹时，会悄悄趴在妈妈耳边说："妈妈我很乖，不会这样做"。

直到现在，托比也没有再用躺在地上哭闹的方式，作为要挟父母达到目的的手段。

显然，小孩子尽管不大，但潜意识里却懂得，一次尝到了甜头，下一次就会变本加厉。当他们认为这一招很管用的时候，想提出不合理的要求时就会习惯性先用哭进行试探。而如果第一次哭的试探被父母阻止，那么绝大多数孩子基本上不会再有第二次同样的行为了。

现实生活中，家长们面对孩子哭闹时，可以采用以下方式应对：

首先要进行必要询问，帮助并安慰孩子，转移他们的注意力，尽可能用说理的方式平静孩子的情绪，了解孩子哭闹的原因。

其次，对于没有特殊理由哭闹的孩子，最好的办法就是冷处理。如家长可以躲在一边，但一定要让孩子在自己的视线里，且离开孩子的距离和时间都不要太长。对于小家伙来说，家长的离开就足以让他们感受到某种威胁，并削弱他们先前不达目的、哭不罢休的决心，这样一来，孩子往往会忘记刚才为什么要哭了。

再次，面对孩子的哭闹，家长们需要"意见一致"。只有父母和在场的其他家长统一立场，才能打消掉孩子无理取闹、以哭要挟大人的目的。

## § 跌倒了，我自己能爬起来

家庭是孩子最好的学校，父母是孩子最好的老师，家庭教育对孩子一生影响深刻。

每一位家长都希望自己的孩子是个勇敢的宝宝，长大以后能够有所担当。既然如此，那么当小孩子牙牙学语、蹒跚学步的时候，家长们就应该注重宝宝这方面的培养，有意识地锻炼他们面对困难和挫折的勇气。

对于孩子来说，家长不让孩子受一点委屈，一味地视为掌上明珠，实际上是剥夺了孩子应对挫折的机会，很容易给他们种下软弱和平庸的性格种子。而那些从小就注重培养孩子顽强意志力和忍耐力的家长，则会帮助小家伙们形成坚忍不拔和不屈不挠的个性精神，使他们不惧怕未来种种困境和竞争。

那么，家长们如何锻炼孩子们遇到的困难和挫折勇气呢？

不妨多让孩子独立面对一些小困境，适当地给他们制造小的"刁难"和阻碍，如此几经"折磨"过的小宝宝，未来大多能够摆脱对温室的眷恋，"理所当然"地应对生活中出现的困难局面。

记得托比刚刚学步的时候，摇摇晃晃中不知绊倒了什么东西，小家伙吓坏了，倒在地上放声大哭。外婆本能地想要冲上去抱起他，被托比的妈妈及时制止了。

妈妈走到托比身边，检查了一下他并没有受伤，便对托比说："宝宝真棒，妈妈相信你能自己站起来"。说完就走到前方，双臂张开用拥抱的姿势等待托比。但还在"惊吓"之中的托比不肯起来，委屈地趴在地上接着哭，根本不理会妈妈的拥抱。

但托比的妈妈依然坚持着。过了好一会，托比大概是哭累了，他看着妈妈的微笑和鼓励，终于摇摇晃晃地站了起来，投入妈妈的怀抱。

在孩子的世界里，自然万物都是兴趣的源泉。之后的成长日子里，托比渐渐走稳了，他总是喜欢用好奇的眼光兴奋地探索着周围多彩的世界。而他的妈妈，也几乎不去制止他的无风险举动。

随着时间的推移，托比越来越像小男子汉，一般的小伤痛或者皮外伤，他都一声不吭。即便跌倒了，也会自己拍拍衣服上的灰土，甚至都不会用眼神向妈妈求助。每当看到这些情景，托比的妈妈都忍不住露出骄傲的微笑。

不过，小意外还是会有的。

有一次，托比摔得出血了，他自己感到有些紧张。妈妈蹲下来观察后，微笑着说："宝贝，出血了，但是不用担心，人的身体有自动愈合伤口的机能，血很快就会止住的。"

托比原本紧绷的表情一下子就放松了。回到家里，妈妈拿出酒精给托比消毒。"这是酒精，用来消毒的，抹在皮肤上会有一点疼。但是如果你不忍着，伤口就会感染，严重的话肉都可能会掉的，那时候会更痛。还有，细菌如果进到血液里，人就会死掉的哦！"

看着妈妈认真的表情，托比想了一想说："那妈妈你帮我消毒吧，我可以忍一下疼的。"

成长的过程中，小孩子跌跌撞撞、磕磕碰碰在所难免。只要坚持一个原则：在孩子没有人身危险的前提下，不用惊慌失措地去帮助他们，也不需用语言去表达疼惜，只需要用坚定有力的口气鼓励他自己站起来就好了。

孩子的勇敢性格绝大部分来源于家长培养，想让孩子在充满竞争的社会中立足，必须从小就对他们进行必要的挫折性教育。

那么，实践中家长们应该注意什么呢？主要有两个方面：

其一，要有意识地培养孩子的挫折意识。父母要敢于放开手，排除怕的干扰，让孩子自己去体验摔倒或碰壁。只有这样，孩子才会自小明白，摔倒是人生的一种常态，必须勇敢面对它。

其二，有意识地培养孩子面对和承受挫折的能力。能力并不是通过说教就可以培养的，而是需要现实的磨炼。家长们可以根据宝宝的年龄特点，有意识地给他们设计一些障碍或困难，引导孩子树立起战胜恐惧、战胜挫折的信心，锻炼他们面对挫折时积极乐观的心态。

## § 过度的保护，我会很危险

保护孩子是父母的本能，每一位父母都不希望孩子受到外界的伤害。为了让孩子健康成长，父母们总会想出各种方法，只要能更好地保护小宝宝。

但是得到全方位保护的孩子，他们是不是真的就可以避免伤害？或者更有能力去抵御外界的伤害呢？

答案是否定的。孩子天性好奇，不知者无畏，在孩子的小世界里，有太多东西想要去尝试。作为父母，对孩子最好的保护是让他知道危险，并由此学会采取自我保护的方法，而不是站在孩子前面为他们遮挡风险。所以，家长朋友们一定要意识到，对孩子过度的保护才是最大的危险。

记得托比一岁时，对什么东西都好奇，尤其是饮水机的开关。

照看托比的外婆总是很担心，一直看着他，并不停地阻止他不要动这动那，只要托比靠近饮水机，外婆就会很紧张。然而，正在学步的托比总是不肯老实地待在原地，不停地到处走动。

托比的妈妈则采取了不一样的方式，她决定放开手，不再时刻守着托比。在她看来，饮水机的开关也不是特别危险，只要手松开水就会停，与其一直提心吊胆，不如让小家伙烫一次来得更实用。

果然，托比很快就被饮水机的热水烫到了，哇哇大哭后，却牢牢记住了饮水机的危险性。此后很长一段时间，托比都没有再去触摸饮水机，并且会下意识地绕行。

托比的妈妈借此机会让他强化了一个印象：所有大人们阻止他去做的事情都是很危险的，如果不听话，就像会被饮水机的开水烫到一样，尝到苦头，所以要记住。

不要怀疑一岁孩子的理解能力，其实他们已经可以明白大人们所想要讲的话。

两岁的时候，托比开始对墙上的插座孔感兴趣。妈妈拿来了一个小录音机，对托比解释："墙上的孔里都是有电的，录音机插电以后就可以发出声音，如果用手摸可能会死人的。所以，插插头的时候一定要拿着后面的塑料部分，这样才会安全。"

有过被饮水机烫伤的经历，托比开始意识到妈妈所说的"死"是件很可怕的事。

在妈妈正确的引导下，托比不到两岁的时候就学会了插插座，而且一直很安全，从来没有触过电。

托比一直记着妈妈说的话："如果想知道一根金属线是不是有电，可以用手背靠上去，轻轻地试一下，如果有电你就会感到痛和麻。千万不能用手心去抓，因为手心碰到电后不会弹开，然后人就会被电伤，甚至电死哦。"

那么，生活中的家长又该如何保护孩子安全呢？

首先，在相对安全的环境中，给孩子一些接触"危险"的自由。无论在房间内还是在户外，父母都希望孩子绝对安全。但是事实上，成长中的孩子不可能不受一点伤。父母在思想上不应该有"不让孩子受一点小伤"的想法，多点磕碰，对孩子的成长有益无害，一些小"危险"恰恰是孩子避免"大危险"的有效法宝。

其次，适当放手让孩子自己去尝试新鲜事物。在孩子成长的过程中，总有对他来说陌生的领域，如果不去尝试又怎么会知道这个领域有什么呢？尝试过后孩子才会知道什么是危险的，什么是安全的，才会知道以后该如何正确保护自己。

再次，让孩子掌握一些安全小常识。与其过度保护，不如让孩子学习并了解一些安全常识，或者给孩子演示一些危险自救的方法。我们应该耐心些，并相信孩子可以听得懂我们的表达。

总之，为了孩子真正的安全，父母们不可过度提供保护。


## § 别担心，我其实饿不着

在孩子长身体的时候，吃饭问题是家长们关心的焦点。相关调查结果表明，为了保证孩子能够得到充足的营养，家长们可谓绞尽脑汁：有连哄带骗的，有承诺许愿的，有追着孩子喂的，也有吓唬的，可谓是能用的办法家长们几乎都用上了。

只是，6岁之内的宝贝们常常不领大人们的情，挑食、不好好吃饭者大有人在。如果你的孩子也是这样，做父母的就要考虑一下，是否在孩子吃饭这件事情上，过于宠爱自己的宝宝了。

美国很多家庭在孩子一岁的时候就会准备婴儿椅，让孩子按时有规律地和大人坐在餐桌旁一起用餐。这样做可以让宝宝觉得自己不特殊，而是大家庭中的一份子；同时，在餐桌坐着吃饭也可以保证孩子饮食的健康和安全，有利于孩子形成饮食规律。

生活中，有不少家长常常苦恼孩子不吃饭，甚至会因此而担心。其实，所有的经验已经总结出了一个有效的方法——饿着。这是因为，孩子们一顿两顿不吃饭并不是什么了不起的事情，根本上是因为宝宝还不那么饿，起码没有父母们想象中那么饿。

看看五岁的露西吧。

这天早上，露西不肯吃饭，跟妈妈说早餐不合她的口味。妈妈没有生气，也没有哄她，径直把早餐端走，并对她说："好吧，那你中午再吃吧"。

露西似乎有些意外，接着就气鼓鼓地坐在沙发上，可是妈妈没有哄她，收拾好东西去就做自己的事了。看着露西生气的样子，爸爸都忍不住笑了。

还不到中午的时候，露西就跑去跟妈妈说："妈妈，什么时候开饭，我的肚子都叫了。"

妈妈回答说："等到午餐的时间才可以开饭。"

饥饿令露西开始坐立不安地等待着。

结果可想而知，吃午饭时露西狼吞虎咽的样子，让爸爸、妈妈都偷偷地笑了。

事实上，在面对孩子吃饭这个问题上，很多成功的家长都有过不"手软"的经历。

一天中午，托比因为闹情绪不肯吃饭，还愤怒地将盘子推到了地上，食物洒了一地。

妈妈认真地看着托比说："看来你真的不想吃饭！记住，从现在到明天早上，什么都不能吃。"

托比点点头，坚定地回答："好！"

晚上，托比妈妈和外婆商量，要做托比最爱吃的东西。开始时外婆还想，一定是妈妈觉得托比中午没吃好饭，准备让儿子晚上多吃点儿。

晚饭时间到了，托比欢天喜地地爬上凳子，大喊着："好香呀，都是我爱吃的。"

这时妈妈却走了过来，拿走了托比的盘子和刀叉，说："我们今天已经约好了，你不能吃饭，你自己也答应了的。"

看着面容严肃的妈妈，托比大哭起来，还边哭边说："妈妈，我饿，我要吃饭。"

托比的妈妈也毫不心软："不行，说过的话要算数。"看着托比妈妈坚决的样子，托比的外婆和爸爸也只好保持沉默。

整个晚饭时间，可怜的小托比一直坐在玩具车里，眼巴巴地看着父母和外婆享受美食。

临睡前，妈妈和托比道晚安。托比小心翼翼地问："妈妈，我很饿，现在我能吃东西吗？"

　　妈妈微笑着摇摇头，坚决地说："宝贝，还不行！"

　　小托比叹了口气，又问："那等我明天早上起来可以吃吗？"

　　"当然可以。"妈妈温柔地回答。托比甜甜地笑了。

　　从那以后，托比大部分情况下吃饭都很积极。在他的意识里，不能再因为"闹情绪"错过吃饭时间，让自己的肚子挨饿。

　　总结起来，在对待孩子吃饭问题上，家长们可以参考如下原则：

　　一是不要强迫孩子吃饭。实践表明，孩子不想吃饭不外乎两种原因：一是活动量太小，孩子没有饥饿感；二是吃了太多零食，导致孩子吃饭时没有食欲。所以，当你的宝贝儿不想吃饭的时候，不妨放他离开餐桌。但在下一顿正餐开始之前，决不许加餐吃东西。倘若孩子只是想用不吃饭这种手段来威胁家长，决不要轻易纵容才是明智之举。

　　二是吃饭要有规律，不能想吃就吃。有规律的吃饭训练不仅可以减少家长们的烦恼，更有利于孩子的身心健康。这是因为，按时进餐不仅有利于孩子消化食物，保护肠胃有节奏的工作和休息，还可以让孩子的心思专用起来，有利于身体和大脑的健康发育。

　　三是舍得让孩子经受必要的"挨饿"。一味迁就和纵容孩子的不良饮食习惯，远不及饿他一两顿有益。但凡有过挨饿经历的孩子都会明白，吃饭是因为肚子饿，不吃饭就意味着挨饿，而吃饭也是自己的事情，不是爸爸、妈妈这些大人们的事情。


## § 教会我分享，成长更快乐

　　懂得与人分享是孩子从小就应该学会的美德，也是一种重要的社交能力。但是有很多家长朋友，并没有意识到要培养孩子这方面的能力。

　　由于现在的家庭构造，孩子都是家里的"小皇帝""小公主"，所以，宝宝们很容易养成以自我为中心的习惯，认为得到什么都是理所当然的，反之，则会引起他们的不良情绪。

其实，在小孩子的世界里，划分权属的时候并没有"你的"、"我的"、"我们的"种种分法，"我的"更多时候处在第一位置。尤其是家里如果只有一个孩子，宝宝就会习惯地认为"好的东西就该是我的"。所以，孩子们在开始有了"所有权"概念的时候，并没有"分享"的概念。

甚至有的孩子不仅会认为自己的东西是他的，而且还会把别人的东西当成自己的，这就是一些孩子会去抢别人东西的本质原因。当然，孩子的这种抢夺和大龄儿童的霸道习惯并不相同。

出现天然的"拥有"概念是很正常的，这也是通往"分享"的必由之路。只是，作为父母和家长，一定要学会正确地引导孩子，尽早地让孩子懂得与人分享。实践中，一岁多的孩子就懂得了"我的"，此时相应的家庭教育就需要开始了。

还是来看看托比。

托比从小就特别喜欢吃虾仁，而爸爸、妈妈和外婆都很少吃。每次吃虾仁，外婆都用托比的专用小碗准备好放在餐桌上，他一个人吃得津津有味。

有一次，妈妈无意中想尝尝味道怎么样，就吃了一口。托比见状，立刻哭喊起来："妈妈不许吃我的虾仁。"同时还将小碗揽到了自己怀里。

托比妈妈意识到了一个很严肃的问题，她觉得该让托比明白什么是"分享"了。

妈妈拉过托比的小碗，放在餐桌中间说："这个家里的所有东西都不是你一个人的，是大家共有的。餐桌上的饭菜也是大家都可以吃的。"说着便舀了一大勺放进嘴里。爸爸和外婆见状，也都争着要吃一口。

这可急坏了托比，一时顾不上哭了，马上伸出小手去抢。

此后，每次吃饭的时候，妈妈都会跟托比一起分享好东西吃，并告诉他要给外婆和爸爸留一份。渐渐地，托比懂得了将"我的"理解为"我们的"，见到好吃的好玩的，开始懂得与人分享，并感觉到了分享的快乐。

莎拉·里斯拉夫博士是美国的儿童教育顾问。她认为，5岁前的孩子还不能很好地理解"分享"概念，但是可以从小教给他们一些基本的规则，如可以告诉孩子们"大家要轮流玩玩具"，"她先玩，然后才轮到你"，"你不想玩玩具了，就让别的小朋友玩吧"等。

相关的理论研究也表明，如果孩子不懂得分享，就会认为一切都是他理所应当得到的，并不会因此而感到珍惜和快乐。但是，当别人愿意和他分享一点点东西的时候，孩子们往往会显得快乐。如此反复多次，便能培养孩子从分享中得到快乐心态，使孩子受益终身。

美国《父母》杂志曾就"如何教孩子学会分享"为年轻的父母们支过招：

其一是限制时间。儿科专家琳恩·米里纳就建议，可以采取限制时间的方法让孩子懂得分享的意义。如玩具每人轮流玩十分钟，不可以一个人独占。同时让孩子尽可能地明白，与别人分享不等于会失去玩具。

其二是家长要以身作则。美国儿童关爱与教育组织专家表示，很多情况下，身教重于言教，父母的行为对孩子影响很深刻。因此，家长理当为孩子做出"分享的示范"。如吃饭的时候问问孩子："你要吃一块吗？爸爸、妈妈可以分一些给你"等。以此类推，做其他事情的时候，也要有意识地让孩子观察到父母在"分享"彼此的东西。

其三是学会角色互换。如果孩子经常对分享说"不"，那么做家长的就要动动脑筋了，不妨考虑与孩子互换角色。如跟孩子一起玩玩具的时候，不妨也拒绝孩子的一些要求，当小家伙感觉到不开心的时候，就要趁机耐心地讲道理，让他明白"只有学会与别人分享，大家才能开心地一起玩。"

## § 疼痛后，我懂得了换位

终身教育指的就是从零岁开始，至生命终止。而零到三岁，显然是人生中最重要的时期。这是因为，三岁前的教育是一个人世界观形成的最关键时期，是孩子一生思维方式和行为习惯的基础。在这段时间里，孩子接触到什么样的环境，潜移默化地被灌输了怎样的思想，将来就会变成什么样的人。

有美国心理学家曾做过一项备受争议的试验。

他们从孤儿院里带出四十个刚出生的婴儿，派人专门喂养他们，但不许工作人员跟孩子说话，同时在孩子面前也不能发出声音。

心理学家想通过这个实验知道人的意识是否能自己产生。

　　一年后，这项实验因为社会舆论的强烈抨击被迫停止，那些孩子也被不同的人领养。后来经过心理学家常年追踪，发现实验中的那些孩子与正常孩子相比有很大的思维偏差。他们性格相对来说偏孤僻，不擅长与人相处。显然，这对成就他们自己的事业有着很不利的影响。

　　尽管这种试验有着违背人伦的嫌疑，但也清楚地告诉了家长朋友们，从零岁开始培育孩子的重要意义。进入三岁以后，孩子对世界已经有了自己的基本判断能力和独特体验，父母一直以来给他们灌输的观念也会伴其一生。

　　大量的育儿经验告诉我们，父母自身的素质对孩子的成长起着决定性的作用。一般来说，孩子的思维方式和行为习惯总是和父母如出一辙。

　　两个小朋友打架，其中一个孩子吃了点小亏，妈妈看见了，大声呵斥："你真没用，居然被人打"。不用多想，这样的教育思维将会塑造出什么样的孩子。

　　当然，这个世界上没有十全十美的孩子，也没有十全十美的父母。当孩子犯错误的时候，做父母的不可一味纵容，溺爱式的引导方式万不可取，否则我们为将来留下的会是一个无法无天的人。

　　有一天，托比和妈妈去公园玩。

　　有两个小女孩和托比很快熟识起来，他们玩起了过家家的游戏。将塑料锅、小铲子、盘子和小碗摆了一地。

　　突然，活泼淘气的托比拿起小锅，在一个女孩儿头上敲了一下，小姑娘愣了一下开始放声大哭。另一个更小些的女孩见到这种情况，也跟着大哭起来。

　　再看托比，或许是完全没有想到会有这么严重的后果，只见他站在一旁愣住了。

　　托比的妈妈看清了事情的来龙去脉。她没有说话，径直走到托比面前，也拿起那个小锅，在托比的头上敲了一下。

　　因为完全没有防备，被打的托比一下子坐在草地上，哇哇大哭起来。

　　接着，托比的妈妈问："很疼吧？下次你还这样做吗？"

　　托比一边哭，一边拼命地摇头。

　　自那以后，托比再也没有这样无厘头地欺负别人了。

　　可见，托比妈妈的做法，给家长朋友们树立了好的榜样。这说明，让孩子适时换位，不仅可以非常直接地让他们体验到别人的疼痛，更能使他们较早地懂得换位思考。

在这个方面，家长朋友们在教育孩子的过程中需要注意如下方面：

首先，不要打骂孩子。想让孩子变成什么样，父母们需要先做出表率。永远不要低估孩子的模仿能力，要处处向孩子显示为人处事有礼貌、有教养多么值得骄傲。实践表明，遭到打骂的孩子或许会一时听话，却很难树立起正确的是非观念，甚至还会以为暴力是一种控制别人的好办法。

其次，孩子之间产生争吵时，要进行积极的引导。孩子们聚在一起，产生矛盾或争吵在所难免，聪明的父母不要一味袒护自己的孩子，一时的吃亏往往正是教育孩子谦让礼貌的好机会。

最后，创造时机让孩子"换位思考"。就像托比的妈妈一样，用"以牙还牙"之举，给孩子带来最真实和受用一生的高质量教育。

## § 你应该学会对我说"不"

小孩子天生有很强的依赖心理，在日常生活中会时常表现出来。随着一天一天的长大，孩子会逐渐学习并理解这个世界的规则，有时也会不自主地表现出独立性。在此期间，他们开始慢慢理解父母对他们的期待，开始逐渐懂得如何与人相处，一件事情做到何种程度会发生什么……这表明，孩子们开始需要用一些方法来衡量自己不断增长的技巧和能力了。

此时作为家长，培养孩子独立能力的信号一定要明确。否则，家长一心想教给孩子的东西很容易不起作用。

对于孩子的成长来说，培养独立生活的能力越早越好，需要明确地让孩子明白，很多事情都要自己去搞定，除了自己谁也靠不住。

小露西从小就不太喜欢与人计较，为此外婆经常担心她会不会因此吃亏。

一次，露西和妈妈在广场上玩。广场上的很多小朋友都拿来了自己的玩具，露西想和别人一起玩又不敢自己过去，就央求着妈妈帮她去说。

没想到，妈妈一口拒绝了露西："这是你想玩的东西，要么自己去借来玩，要么就不要玩。"就这样反复几次，小露西也挣扎了好几天。

一天傍晚，小露西终于鼓起了勇气，自己开口和别的小朋友说话了，希望用自己的玩具和别人换着玩。

万事开头难。成功一次之后，小露西发现，跟人交换玩具真是件很开心的事。而她自己更体验到了，如何主动开口找小朋友交换玩具的完整过程。

另一次是露西从幼儿园放学，带了一位小朋友一起回家玩，她决定送给这位小朋友一本漫画书。

露西的漫画书有一部分是已经看过的，还有一部分是没看完的。于是，露西让小朋友在自己看过的书里挑选一本，但小朋友却坚持要选一本露西还没看过的漫画书。

两人互不相让，各自坚持。而露西的妈妈在书房外看到了发生的一切，她想知道露西会怎样解决这件事情。

最后，露西主动提出了一个解决的方案："我没看过的书不可以送给你，但是我可以借给你。我们写一张借书卡，你签好名字，看完了必须还给我，好吗？"

看着两个孩子认真地做了一张借书卡，签下自己的名字并写下日期，露西的妈妈欣慰地笑了。

不计较并不代表没有原则。当触碰到自己的底线时，孩子们第一时间没有想要求助，而是想办法解决问题，且不与人正面冲突，这需要家长平时的点滴引导和心理暗示。只有从小放开孩子的手脚，才能在可控的范围内驱使他们自己找办法解决面临的问题。这一点，需要家长与宝宝共同学习。

实践中，如下两个方面能够给家长们一些必要参考：

一是尽可能早地引导孩子解决自己的事情。家长们应该有效抓住幼儿时期，因为这是培养孩子独立自主的关键期，运用正确的方法，诱导孩子产生更多的自信与成就感。如果做得好，小孩必会成长为有着较强独立处理问题能力，且对自己人生敢于负责的人。

二是不要吝啬对孩子说"不"。小孩子有了困难，或者与小朋友有了争论，或是想要达到某种目的，总会在第一时间习惯性地求助于家长。此时对于家长来说，一定要残忍些，只要是孩子自己可以解决的事情，就坚决说"不"，让孩子认识到"一切只能靠自己"。

## § 我不听话，因为你不立权威

每一位家长都希望在孩子面前保有足够的权威，当然我们所说的权威不代表专制。

父母权威的含义是：为孩子制定规则，一旦规则形成，父母是绝对的监督者和执行者，不容动摇。

曾亲耳听到有家长这样抱怨："现在的孩子真是越来越难管教了，你说一句，他顶你两句，他总是很有道理。"或者"现在在孩子面前很难树立权威，根本管不住自己的孩子，大人们说的话他们很多时候都不听。"

从家长抱怨的语言中，似乎可以读到很多家长们都会有的一种烦恼。

实践证明，家长的权威在家庭教育中的正能量难以估量，它是父母对孩子进行有效情商教育、并让孩子自觉接受的重要条件。反之，如果家长在孩子面前缺少威信，孩子对父母就会缺乏应有的信任和服从，再好的教育设想也无法取得正面效果。

记得露西刚上一年级的时候，每次都得把家庭作业拖到夜里十点才能完成。

刚开始，妈妈以为是老师留的作业太多了，跟其他学生家长交流后才发现，同样的作业其他孩子六点前就完成了。露西的妈妈终于明白，露西是因为没能专心认真，边玩边写，才导致完成作业的时间如此之晚。

露西的妈妈决定要改变这种状况。

一天，妈妈对露西说："从今天开始，每天做作业的时间不能超过晚上八点，八点以后如果你还要做作业，我就把你的作业本撕了。"

露西当然要反抗："如果那样，我就告诉老师，是妈妈不让我做完作业，我才交不出的。"

妈妈笑了笑说："那你就去跟老师讲好了，交不出作业的人是你又不是我，我的名字又不会被写到黑板上去。"

露西开始感觉到了无奈。不过令人惊喜的是，露西真的开始在六点前就完成自己的作业了。从此，露西养成了一个良好的学习习惯。

为什么露西能够如此轻易地改正之前不好的作业习惯呢？其实有两个必要条件发挥着根本的作用：

一是露西从小就接受着妈妈"自己的事必须自己承担责任"的诱导。当妈妈一直执行着相关教导，且露西也日渐认识到没人愿意替她担负责任的时候，她从心理上更愿意相信妈妈说的话都是事实。所以，改变自己不好的习惯便成为第一选择。

二是从小妈妈立下的规矩都一定会执行，不容商量。虽然露西妈妈没有真的去执行撕作业本的惩罚，但露西在日常生活中肯定早就体验过了妈妈说话的绝对权威，她知道只要违反就一定会执行，所以在第一时间选择自我改变便在情理之中了。

生活中，在引导孩子改变不良习惯的过程中，家长们不妨先试着让自己做个说一不二的"老板"：

首先，自小就给孩子立下规则。规则不是简单粗暴地命令，而是把道理讲清楚，并告诉宝贝不这样做的后果。不要以为孩子小，或许家长们讲的道理在一定时间里孩子还不能完全领会，但是平和的语气和尊重孩子的态度，却会让孩子日益信任家长的判断，并顺从相应的规则。

其次，对规则的执行要坚决不动摇，不能朝令夕改。倘若当小孩子面临规则时反反复复，或者违反了也没有受到预想中的惩罚，就会认为家长的话并不一定需要遵守，从而导致家长们的权威无从确立。

最后，不要在规则上和孩子"讨价还价"。实践中有家长反映，每次都向孩子解释得很清楚，什么事情可以做，什么事情不能做，但孩子还是会"讨价还价"。若面临此种局面，家长们应该清楚地对孩子强调——"不再讨论这个问题了，必须这样做！"说这话的时候不要显得犹豫，只要孩子看到自己很严肃的态度，基本上都会按照制定的规则去做了。

# 好习惯
# 让我幸福一生

给家长的备忘录：

别让我养成坏习惯。在年幼的此刻，我得依靠你来判断好坏和对错！

　　心理学告诉我们，行为一旦变成习惯，就会转化为人的一种需要。再遇到同样情境的时候，无需外界提醒和监督，甚至不经过人的大脑思考，就可以自然而然地产生类似的反应模式。

　　就像著名的巴甫洛夫条件反射原理告诉我们的那样：一个人如何被训练，遇到事情就会如何反应，完全非理性。所以，思想家培根才告诫后人："习惯是人生的主宰，人们应当努力求得好习惯。"

## § 你是我最好的习惯老师

　　家庭是习惯的摇篮，家长是习惯的培训师。

　　在孩子的成长过程中，幼儿阶段是人生中可塑性最大的特定时期，也是好习惯养成的关键阶段。唯有有效利用转瞬即逝的幼儿几年，家长和孩子们才能受益匪浅。

　　在孩子们的眼中，家长就是第一任培训师。他们对周围世界最初的理解，大多来源于家长们的言传身教。如果家中的大人们彬彬有礼，就会发现孩子也会学得懂礼貌；而大人们要是出口粗暴无礼，孩子小小年纪也会脏话连连。

　　经过学者近半个世纪的研究证明：3—12岁即幼儿时光和小学阶段，是一个人培养好习惯、并建立长效的最关键时期。

　　在这个时间段，孩子们的大量行为都可以固化为习惯，此时的孩子具有很强的可塑性，所以这时候给他们立些规矩、培养出好习惯往往最见效。

　　为什么会这样呢?

　　在心理活动和行为活动中，年幼的孩子绝大多数时候都很无助，很自然地需要依靠家长去判断周围事物的好与坏，进而建立起对是非对错认同与否的标准。于是，我们做家长的自然就成为了孩子人生旅程中的第一向导。

有一位家长朋友特别喜欢喝酒，每天上班之前他都习惯性地要到离家不远的酒馆里喝上一杯。

一个大雪纷飞的早晨，吻别妻儿之后，这位家长又径直走向酒馆。没走多远，他感觉有人好像跟在后面。当他转身回头看的时候，发现不满5岁的儿子正踩着他留在雪地上的脚印，非常兴奋地对他说："爸爸，你看，我正踩着你的脚印！"

瞬间，孩子的话触动了他，不由得让他震惊："我要到酒馆去喝酒，但儿子却在跟随着我的脚印……！"整整一天，这位家长都若有所思。从第二天起，他便改掉了早晨去喝酒的习惯。

每一个孩子在来到这个世界之初，都形同一张白纸。当他们还没有能力进行自我塑造的时候，大人们便是他们眼中最好的模范和导师。所以，家长们留下的行为习惯优良与否，也就在潜移默化中熏陶并启发着自己的孩子，并最终决定着孩子们习惯的好与坏。

美国人对待教育常常标榜这样一句话：告诉我，我可能会忘记；让我看，我就能够记住。

我们先不去考量这句话中有多少科学的成分，但是，它无疑在提醒着我们：家长的行为对孩子的影响是如此的巨大。

当然，好习惯的养成不是一蹴而就的事情，任何行为训练到自动化的程度才能成为习惯。而养成教育更是个长期耐心的工程，其中最需要的也是最考验家长们的，就是定力和持久性。

在这方面，哲学家康德的父亲无疑给家长们树立了好榜样。

据说在康德很小的时候，父亲就有意培养他严谨的生活习惯。每天早上七点，康德都会在父亲的带领下散步，并准时经过镇上的喷泉。这种有条不紊的习惯训练，成为康德日后思维严密的根源。由此可见，良好的生活习惯对于一个人的成功有着多么深远的影响。

对于今天的家长来说，想要让孩子养成早睡早起的生活习惯，家长就不要通宵上网、工作或者做其他事情，无论是工作日还是休息日都应该按时睡觉和起床；要想让孩子养成良好的读书习惯，家长自己首先要坚持每天读书看报，有意识地在孩子还小的时候就为他们树立正面的形象和榜样；而要想孩子们爱整洁、讲卫生，家长们就要自己先保持好家中的整洁有序和卫生了。

孩子是上天赐予我们的天使，家庭则是这些天使们形成好习惯的摇篮，是他们成长的第一环境。作为家长应有意识地提醒自己，在我们的身后，都会有一双纯真的眼睛，我们不能有片刻放纵自己的行为。

比如：在生活习惯方面，家长们应尽可能做到定时作息、讲文明懂礼貌；利用每一次看似不起眼的机会，指点孩子不乱扔垃圾，且言行一致；见到熟人，家长应主动先打招呼，再引导孩子根据性别和年龄招呼亲戚朋友；对孩子的积极表现应及时表扬，并做到情感表扬重于物质奖励；注重"管"和"教"并举，不迁就孩子的无理行为等。

而在良好的兴趣习惯方面，家长们的示范作用更不可或缺。比如：同孩子一起读一本书，讲故事给孩子听，引导孩子相互交流，让孩子体会到阅读能够让家长更喜欢自己。

科学和实践已经证明，年龄不是问题，无论多大的孩子都可以培养阅读习惯，关键是根据孩子年龄特点选择阅读的书目。生活中，小一些的孩子可选择多图少字的书目，大一些的则可多选故事书等。一句话，看什么书、看多少本书不是问题，重要的是看一本好书，这样可以使孩子积累成长的快乐。

总之，只要家长们能够以身作则，坚持用良好的成长环境来熏陶自己的天使，让他们得到最佳的教养，日积月累之后就会发现，可爱的小家伙们正在踩着你的脚印，优雅地走向未来。

## § 独处的夜晚我可以搞定

良好的睡眠是孩子健康成长的重要保证。年龄越小，需要的睡眠时间就越长。然而，在提到"睡眠"这个词时，很多初为父母的家长都会感到无奈。只有少数的家长特别幸运，他们的宝宝能够搞定自己的睡眠。

生活中，大部分孩子在晚上的睡眠都是断断续续，只有等到他们逐渐长大，才可以慢慢告别这种令家长无比折磨的夜晚。

一位妈妈为了配合宝宝奇怪又折磨人的作息时间表，不得不放弃自己优越的工作，放任孩子在夜里不停地醒来，折腾得黑白颠倒。最终疲惫不堪的妈妈带着孩子去看了医生，医生给出了建议——"睡眠训练"。

这种训练就是从"放任醒来"到"放任哭泣"，任由孩子去哭，不要抱也不要管。

每个晚上的 10 点到凌晨 2 点是孩子们生长发育的黄金时期，经常哭或者醒来无法养成良好的睡眠习惯，也会严重影响孩子的身心健康。既然如此，为什么不让他们自己去搞定自己的夜晚呢？

这听起来很难办，也很残忍。可是大量的试验告诉我们：孩子是明白事理的，他们可以搞定自己的夜晚。

很多家长喜欢把孩子抱在怀里边拍边走；还有一些家长则会把孩子放在摇篮床里不停地摇，久而久之，不拍着不摇着孩子就不肯睡了。这种做法一旦养成，不仅会煎熬着大人，更不利于孩子自主性和独立性的养成。

对于已经养成不良睡眠习惯的孩子，最好的纠正办法就是让他（她）哭，家长们完全可以告诉孩子：我不能抱你，因为这样谁也睡不好，宝宝应该自己睡。

当然，实践中家长们也应该懂得，刚开始纠正的时候，孩子哭闹的时间会长一些，但坚持一些时间，宝宝们也就明白了哭也没有用。既然哭都得不到回应，哭起来也怪累的，索性不哭了吧，乖乖睡觉多舒服。

也许有的家长会说，宝贝还很小，怎么可以呢？

其实，完全不用担心，短短的一周就可以让小天使们习惯起来。

新生儿一般没有能力自己连接起睡眠的周期，但是到两三个月的时候，如果给他们机会学习，孩子们就能学会。连接睡眠周期就像我们学习骑自行车一样，只要第一次自己入睡了，那么接下来会越来越简单容易。

所以，家长应该有意识地提醒自己，只要不是病了或者饿得厉害，就应该给宝宝一个自我学习好睡眠的机会。

美国年轻的家长们，大多数都说他们的宝宝在睡眠方面是"自学成才"。

一位妈妈说："我想宝宝是自己决定要睡觉的，我没有强迫他做任何事情。"

另一位家长说："我想，只有宝宝接受了自己独立的事实，才会安然入睡"。

就像华盛顿的一位妈妈，她是这样做的：一次，她的儿子在安全椅上哭着要妈妈抱，整整哭了一路，听得旁人头都要炸了。万般无奈之下，旁人提醒这位妈妈说："你抱抱孩子吧，别让她哭了。"但这位妈妈坚定地说："不可以，医生说哭没有危害，可是你抱他就可能会让他养成不好的习惯。"

在面对孩子哭闹这一点上，美国妈妈们的观点几乎一致：让孩子哭不要去管，并没有什么危害。

曼恩是美国教育家。他说过："习惯仿佛像一根缆绳，我们每天给它缠上一股新索，要不了多久，它就会变得牢不可破。"

有些父母喜欢晚上带孩子出去玩，或者带着孩子去参加朋友的聚会，直到很晚才回家。这种生活习惯其实真的很糟糕。在这个方面，很多有小孩子的美国家庭就做得不错。如果需要一起吃晚餐，家长们通常都会把晚餐时间提前，这样大人们就可以早点回家让孩子上床睡觉了。如果大人晚上实在需要应酬，也会请保姆来帮忙照看，维持孩子正常的作息时间。

总在适当的时间送孩子上床睡觉，孩子自然可以学会在适当的时间去休息，也就不会再哭闹。

而连续长时间的稳定睡眠习惯，对发育中的小天使们来说百益而无一害。孩子有了规则的睡眠习惯之后，要注意保持，不要轻易去变动。作为家长，应该有意识地配合孩子，多拿出一点信心，给他们学习的机会，相信宝宝们可以搞定自己的夜晚。

生活中，家长们可以从以下几个方面引导和配合孩子养成规则的睡眠习惯：

一是让孩子经常在自己的房间里活动，如做游戏、看幼儿书等，反复告诉孩子能有自己的房间是了不起的事情。

二是不过多地限制孩子自由玩耍，对他们管头管脚，可以让孩子独立听故事广播、翻小人书等。

三是根据孩子的不同特点，可以把孩子的房间装饰成类似大人房间的样子，以帮助小孩子建立起对自己房间的亲切感。

四是从午睡开始，让孩子在自己的房间休息。如果需要，家长也可以先陪孩子在他自己的房间里睡几个晚上。

五是给孩子安排一个合理的睡眠时间，督促孩子到时间就上床，然后把灯关掉，坐在床边给予一些安抚，直至孩子睡着，逐渐养成独自睡眠的习惯。

六是尽可能地让孩子同其他亲人多接触，培养孩子对其他亲人的感情。也可以让孩子到其他亲人家中住一段时间，适当离开自己的父母，尽可能淡化孩子对自己家长的依赖性。

当然，需要提醒的是，家长们只要下定决心让孩子自己睡了，就绝不能心软，这也是一个需要坚守的原则性问题。

## § 规则，从我的小房间开始

每天早上都要整理房间太麻烦了；夏天应该勤洗头洗澡，冬天就没必要了；各种鞋子扔得乱糟糟的；衣服穿一个星期再换也没关系；长指甲显得好看，可以不用剪；偶尔扔一点垃圾，在脏乱的环境里生活也没关系……如果您的孩子也是这样，那真是太糟糕了。

干干净净迎接每一天，不仅可以显示一个人朝气蓬勃，也可以给周围的人带来好心情。所以，从小就应该引导孩子们成为文明的人，养成良好的卫生习惯，形成良好的秩序意识。

生活中，秩序是良好的行为习惯中最重要的一个，不论是从美观还是舒适的角度来看，井井有条和干净整洁都能够让人精神愉悦。

读过心理学的家长都能理解，外在的秩序感和内在的链条是紧密相连的。如果一个人思想上混乱无序，那么行为上也会混乱无章；而一个在生活上不修边幅的人，处理事情也很难达到清晰有条理。

对于很多家长来说，几乎都有过这样的崩溃体验：孩子的本性是无序的，在他们小小生活意识里，一切都显得混杂无序。

那么，一个人良好的秩序感是从什么时候开始形成的呢？

整个幼儿教育的经验告诉我们，幼儿时期是一个人形成良好秩序感的最佳时段，尤其是 2-3 岁的孩子对秩序培养表现出的敏感性最为明显。而实践中，绝大多数的孩子是能够被训练并接受秩序规则的。如果家长能够认识到这一点，孩子必将受益终身。如在生活中，有意识地让孩子潜移默化地知道每一种物品有它正确的摆放位置和方式，废纸废物不能凌乱地扔在地上，应该放进垃圾桶；玩过的玩具应该放回它本来存放的位置……

如此反复训练，绝大部分孩子都能够建立秩序感的意识和习惯。

与此同时，家长们对孩子的仪表训练同样应该充分重视。生活中，人们都喜欢仪表得体、干净整洁的人，这样的人也很容易得到大家的信任，因为他们做事总是显得严谨和井井有条。很多人也都有过这样的感受，一个人不论相貌如何，只要干净整洁地出现在大家视线里，很快就会博得大家的认可。

杰克的妈妈从小就十分注重孩子良好习惯的培养。如小杰克自己的玩具总是有序地放在固定的位置上，他自己的生活也安排得整洁有序。

一次，小杰克对妈妈说："我想请小朋友来家里玩，可以吗？"

"当然可以，但是他们走后你要负责把一切恢复原状。"

杰克高兴地答应了。

很多家长们常有这样的感触：一个小朋友是天使，一群小朋友就会成为灾难。果然，当一群淘气的小家伙在家里蹦蹦跳跳；尝试过各种奇怪和搞怪的玩法后，家里早已变得一片狼藉。

而杰克妈妈像全然没看在眼里一样，朋友都觉得很诧异。杰克妈妈却说："放心吧，他们能够搞定这一切。"

傍晚，孩子们准备离开的时候，杰克带领着他的朋友们说："现在我们把一切都恢复原状，欢迎你们下次再来玩。"就这样，小家伙们不仅收拾好了凌乱的屋子，临走时还礼貌地对杰克妈妈说了再见。

显然，小杰克不仅自己养成了整洁有序的好习惯，还影响了他的小伙伴们。如此好习惯可不是孩子一个人的功劳，在这方面好妈妈可要胜过好老师呢。

再来看看名叫托比的小男孩。

每天早上，托比醒来后，妈妈都把早餐放在餐桌上，之后就忙自己的事情去了。托比会自己爬上凳子，喝牛奶，吃面包片。早饭后，他会回到自己的房间，找衣服、鞋子，再自己穿上。

　　但小托比毕竟只有 3 岁，很多时候他搞不清楚左和右，常常会把鞋子穿反，妈妈不但没有提醒过他，而且还经常制止外婆对他的帮助。在托比的妈妈看来，如果托比觉得不舒服，自己会意识到并重新穿好；如果他不能自己意识到，即便当时纠正了她的错误，他下次还是不能自己打理。

　　有一天，小托比反穿着鞋子跑来跑去，妈妈就像没看见一样。过一会儿，托比气喘吁吁对妈妈说："妈妈，露西说我的鞋子穿反了，真的吗？"露西比托比大两岁。

　　托比的妈妈笑着说："是的，你需要换回来吗？"

　　托比点点头，自己脱下鞋子，仔细看了看，重新穿上了。

　　从那以后，托比再也没穿反过鞋子或者衣服，总是把自己打理得整整齐齐。小杰克和小托比虽然都很小，可是他们有能力理解这个世界的规则，关键要看做家长的怎样去引导他们。

　　大量的实践和实验结果表明，家长如能以身做则，对孩子树立规则意识大有帮助。下面是一些家长可以借鉴的方法：

　　首先，家长要塑造良好的自我形象。这其实是对孩子进行良好家庭教育的关键。俗话说："子女是父母的影子。"孩子最先模仿的就是自己家长的一言一行、一举一动。所以，想让孩子树立规则意识，家长自己理当先行做到。

　　其次，给予孩子有限的选择。有限选择的方法对孩子的规则培养非常有效，如果想让孩子不在房间里跑来跑去，就应该让孩子在有限的选项面前做出选择，如"现在是听故事还是画画？"而不是"现在我们来做什么呢？"

　　再次，给予孩子适时的表扬和自然的惩罚。要想孩子从他律到自律，尽快形成规则意识，适时地进行物质表扬或让其接受自然后果的惩罚，在生活中很是必要。如孩子要是不能安静地坐上一会儿，可以采用适当的办法引导其静静地坐几分钟、十几分钟，直至需要的时间，并及时肯定孩子的点滴进步。

　　最后一种方法是给孩子一定的自定规则的自由。大量幼儿园的成长案例告诉我们，生活中如果适当地让幼儿自定规则，然后引导他们讨论触犯规则后的惩罚方式，并随时"提醒"孩子，往往可以在幼儿自我约束力的形成上起到出人意料的效果。常此以往，孩子们的规则意识也会积极地生长。

当然，良好的规则意识形成，绝不是一朝一夕的事，生活中也没有整齐划一的分界线。但是，在生活情境中引导和帮助孩子逐渐形成明确、统一、灵活，又具有可持续发展的规则意识，却能使孩子未来的个性和社会性相得益彰。


## § 你 的 节 奏 ， 让 我 学 会 等 待

如果说四五个月大的宝宝就有了固定的吃饭时间，就像睡眠习惯一样，听起来是不是很不可思议？

这可不是育儿理论，仅仅是常识而已。

大家都知道，让小孩子学会自控和等待可不是一件容易的事，特别是喝奶吃饭这些对孩子来说的"头等大事"。

宝宝饿的时候会拼命地哭，这种不能得到满足或者感到不舒适时的吵闹，会让家长们伤透脑筋。

20世纪60年代，斯坦福大学的米舍尔曾设计过一项著名的"棉花糖试验"。在这场实验里，工作人员将三四岁的孩子带到一个房间里，房间的桌上摆放着一块棉花糖。如果在工作人员离开后，孩子没有吃棉花糖，将得到两块棉花糖的奖赏，如果孩子等不及吃掉了，则不给他们任何奖励。

可想而知，这是个多么艰难的实验。

当时有653名儿童参加了实验，能够坚持等待15分钟不吃棉花糖的孩子只有三分之一，大部分孩子只能等待30秒钟，还有一部分孩子在工作人员离开后立即吃掉了棉花糖。

若干年后，米舍尔对此项实验进行了追踪，想知道当初孩子们的不同表现对长大成人后的行为会有怎样的影响。

结果表明，在四岁的时候等待时间越久的孩子，在这项实验里各项评估分数越高。尤其是那些善于等待的孩子，有着更强的意志力和心理承受能力，在压力面前表现得更为轻松自如。

如此说来，那些在婴儿和幼童时期被父母延迟得到满足感的孩子，在需求不能立即实现时是否表现的更为平静呢？

是的，这些孩子表现出更少的抱怨和哭闹。

生活中，怎样才能让孩子养成善于等待和平静的习惯呢？这当然离不开家长们的训练和反复调教。

苏珊是位新手妈妈，有次朋友来家里做客，期间刚刚半岁的宝宝哭了起来。苏珊就像没听见一样，继续和朋友聊天。

朋友则善意地提醒说："宝宝是不是饿了？"

苏珊却不紧不慢回答道："没关系，还不到喂奶的时间，让他等一等。"

朋友很诧异："难道要让宝宝配合大人们的'节奏'吗？"

是的，宝宝是可以习惯配合大人的时间表的。

即便是小婴儿也有自己独立的思维，他们能够感知到这个世界的规则。在宝宝几个月大的时候，给他培养用餐的规律时间，哭闹时不要立即让宝宝得到满足，这样慢慢地他们会明白：焦虑、哭闹和暴躁并不能解决任何问题。

相信很多家长都看到过这样的一幕：表情狰狞不开心的孩子，哭闹着坐在马路边跟父母抗衡。这并不是孩子天生不懂事，而是他（她）控制不了自己的情绪，无法平静，只能采取这种极端的手段来达到想要的目的。

当然，在很多家长朋友家里，也可以常常看到这样的温暖画面：大人们可以不受打扰地坐在院子里聊天喝咖啡，孩子对大人们则表现出了极大的耐心。如果孩子显得闹些，有经验的妈妈们都会跟宝宝说："你要乖一点哦。"很神奇，孩子们真的可以看清形势并保持足够的自控能力。

其实，当家长们在提醒宝宝们"乖一点"的时候，也是在有意识地告诉孩子行为要得体，同时保持注意力并懂得尊重他人。只要坚持下去，慢慢的学会等待的孩子会自己选择分散注意力，找到能够保持快乐的方式，怡然自得。

生活中，以下两种方法是家长们很好的参考：

一是暂时转移孩子的注意力。如果家长们正在处理重要的事情，或是正要和朋友进行重要的交谈，或是对孩子的某些承诺还未到时间，不妨给孩子一个较为陌生的小东西转移注意力。当孩子弄明白那是一件什么东西，或是他能用

不做虎妈 不做狼爸

那个小东西做什么的时候，家长或许已经完成了自己必须完成的事情。当然，对于稍大一些的孩子来说，告诉他们先画幅画也许比较好。

二是刻意让孩子等待。当你的孩子总是迫不及待地想得到什么东西时，不如直接告诉他："可以得到，但需要等一会儿。"这种方法是通过一定的时间让孩子自己体会和比较，使他们明白"等待"是一种什么感受。常此以往的训练，对培养孩子的耐心很有用。在家长让孩子明白需要等待的时间有多长后，可以不再理睬孩子的打扰。当然，如果孩子真能安安静静等待，家长也别忘了给予真诚的表扬哦。

如同米舍尔的试验中那些善于等待棉花糖的孩子们，他们自会有其他的自娱自乐的方法。也正因如此，有着善于等待习惯的孩子，未来人生的路上会更加感恩和快乐。

不妨重复一句米舍尔说过的话："家长要给孩子练习等待的机会，他们是可以自学成才的。"当然家长们要有足够的耐心，从心底里愿意陪伴宝宝们一起成长。

## § 被比较，我会没有自信

相信很多家长都有过这样的经历：

孩子在游乐场上迟迟不愿意走，催了一次又一次，场上的小朋友也越来越少，于是便对孩子说："你看看别的小朋友都回去了，你是不是也该走了呢？"

很多家长也经常会说："你看看隔壁家的×××，多乖多棒多听话啊！"

如此等等。可以说，大多数孩子从小都会在心底里有个"劲敌"——隔壁人家的孩子。

用和别人的孩子比较的方式来督促自己家的孩子，对家长们来说似乎再平常不过了。其实，绝大多数家长本想通过这种方式来刺激自己的孩子，希望宝贝们可以做得更好，可是这种激励的方式却会让小家伙们反感极了。

不妨换位思考一下，如果你的老板总是在你面前说："看看×××员工，

人家的工作比你完成得漂亮多了"；假如你的爱人总是对你说："看看×××
家的老公，比你有本事多了"……你是否会毫无怨言地欣然接受呢？

家长们应该明白，盲目比较的结果，会让自己无意识地把注意力放在了"比
较"上，并将此内化成教导孩子时的行为准则。

实践研究证明，经常被"比较"的孩子，长大之后大多没有自信，很容易
受到他人影响，没有自己的个性，甚至有很多还会产生严重的盲从心理，直至
变得自卑起来。

天底下没有一模一样的家庭，也没有一模一样的孩子。正因为每个孩子的
与众不同，才有我们这个绚烂多彩的世界。

对于正常的家长来说，内心里并不愿意接受千篇一律"小木偶"般的孩子。
所以，当我们看到那些个性鲜明、充满激情和自信的孩子时，几乎每个家长都
都会从心底里喜欢起来。这就像人们内心里都渴望阳光一样，从小坚信自己是
个独一无二的个体的孩子，才能够更顺利地健康成长，才能够面对未来的自我
生活，也才能懂得真正的快乐。

泰勒和克拉是两位可爱的美国女孩儿。遗憾的是，她们分别患有先天的语
言和视物障碍，泰勒说话发音不清，克拉阅读困难。

所以，在学习的时候，不论怎样努力，泰勒和克拉都无法赶上同龄的健康
孩子。周围的嘲笑声，让泰勒和克拉幼小的心灵无比煎熬，为此，她们常常不
快乐。

三岁的时候，泰勒被妈妈狠心地扔进了游泳池，克拉则在五岁时被送进了
体操馆，她们离开了时时都需要比较的环境。若干年过去之后，两位女孩子分
别成长为游泳和体操健将。

多尔托在《童年的主要阶段》中曾这样写道："家长的误区在于没有认识
到孩子真正的需求，孩子需要知道他正在形成的人格是受人喜欢的，需要确定
自己的位置，每一天都更自由地探索世界，更自由地发展个人经验。"

当然，不把孩子放在比较的位置上，并不意味着凡事都该称赞孩子。当孩
子能够为自己做事、做决定，并且自认为做得很好的时候，就可以获得自信；
而与人比较时即便占据优势，也很难培养出坚实的荣耀感。

过去的教育经验已经证明，幼儿的自我意识最初是通过成人的评价获得的。这就提醒家长们，应该理性的赞扬或激励自己的孩子，多给予正面的支持。

生活中，面对孩子，家长们应该尽力做到如下方面：

一是坚信孩子都会有独特的闪光点，至少有一样是出色的。就像上文中的泰勒和克拉一样，虽然她们在语言和阅读方面不能与其他孩子相比，却在体育方面表现了出色的能力。

二是引导孩子和自己比。实践表明，最好的激励方式不是让孩子盲目攀比。即便您的孩子跟别人存在着某种差异，也要鼓励他以自己喜欢和擅长的方式成长和生活，引导他用今天的进步跟昨天相比，用现在的完美跟过去的自己相比，这样孩子才能获得自豪感，并树立起自信心。

总之，愚蠢的家长习惯于拿孩子短处相比他人的长处，智慧的家长却会让孩子看到自己的独特之处。当家长把这种自由和快乐引导给孩子后，他们在成长的过程中一定会对自己的父母充满感激。


## § 我在学你社交

一家超市中，一位妈妈带着孩子在排队付款。这时，一位女士插队站在了她的前面。这位妈妈礼貌地要求插队女士到后面排队，但是女士却置若罔闻。于是年轻的妈妈愤怒地提高了嗓门，与之理论，最后发展到了粗鲁无礼的争吵。

通常情况下，在人际关系的模式中，我们总认为自己是正义和善良的一方。如果出现冲突场面，绝大多数的人也会认为是对方的原因才导致自己采取一些极端的行为去应对，而很少能意识到，正是自己的气场和度量引导了对方的不理性行为。

所以，生活中那些面对冲突却能够自制，并且很好地控制了自己情绪的人，大多是懂得谦让、善于融合的人。特别是有孩子在的场合，父母们更应该提醒自己要以身作则。

幼儿阶段显然是个人良好习惯养成的可塑阶段，而与孩子关系紧密的家长，更是承担着训练孩子的重大责任。在孩子社交习惯形成的过程中，家长们的示范便是他们最直接的模仿对象。

即便是大人们无心的争吵，也会给孩子提供错误的社交意识——吵架、谩骂乃至打架或许是解决问题与冲突的好办法。

已有的相关研究表明，喜欢用无礼甚至暴力手段的家长，很容易让自己的孩子也养成暴力的习惯。他们的孩子往往喜欢摔东西，欺负小动物，甚至常常出手打人。在这些孩子的意识里，已经留下了他们的家长解决问题和发泄情绪的方式的烙印。

为了孩子未来的社会交往，家长应该注意如下方面：

一是重视孩子日常生活中礼貌意识的培养。不要小看这一平常的社交礼节，它日后必会成为孩子与人交往的试金石。谦和有礼的孩子讨人喜欢，反之则会受到排斥。同时，礼貌是一种积极的社交态度，可以让孩子在人际关系中轻松地占据主动。尤其是那些不喜欢说话，见到陌生人会害羞，不自信的孩子，从小进行礼貌意识和习惯的培养，就更为必要了。

二是训练孩子懂得谦让。家长对孩子的溺爱是一种天性使然，所以生活中很少能见到真正懂得谦让的幼儿。这种状况随着时代的发展和变化，越来越需要改变。对于家长们来说，需要先在家庭内部营造一个"有难同当"的氛围，让孩子学会分享家中的大事小事，强化孩子是家庭成员的意识，引导他们学会谦让和分享。这样做的主要目的，就是让孩子随时意识到自己不是孤立存在的，而是和其他人有着千丝万缕的联系。

三是尽可能多地为孩子创造与他人相处的机会。比如：参加一些亲子班、课外班等，让孩子在与其他小朋友相处的过程中，通过言传身教体会与人和平相处的快乐。

## § 懂得珍惜，让我幸运一生

对于孩子来说，能够得到那些琳琅满目的玩具，是相当快乐的事情。所以，很多孩子都有着不断索取玩具的情结，而家长们只要觉得经济条件允许，往往会尽可能地满足孩子的需求。只是，事情或许并不像家长们想得那么简单。

凯莉的女儿从小到大的玩具都极其有限，一个大袋子就可以把所有的玩具都装满。不给孩子买过多的玩具，并不是因为经济原因，而是她认为小孩子的玩具越少越简单，越简单注意力就越容易集中，孩子的想象力也就越丰富。同时，在凯莉看来，稀少能让孩子懂得珍惜。

就像其他小孩子一样，凯莉的小女儿也喜欢玩水。只是，凯莉给出了一个条件：只能局限在卫生间里玩，结束之后还要求女儿把自己和卫生间都整理干净。在玩的过程中，凯莉比其他家长更能放手让孩子去游戏。

于是，一个小木桶，一只空可乐瓶，外加一个漏斗，配合各种不同的想象模式，凯莉的小女儿就可以自己消磨掉整整一个下午的时间，玩得不亦乐乎。

进入幼儿园以后，小姑娘的专注性格便显现了出来，她可以坐在那儿一两个小时专心致志地做一件事情。凯莉女儿这一明显的特点，与很多注意力不集中的小孩子形成了鲜明的对比。

有一次在商场，喜欢米老鼠的女儿很希望能得到它。凯莉对女儿说："等你过生日的时候妈妈会送给你当作礼物。但在过生日之前，不可以。"

此后，每年的生日，凯莉的女儿都可以得到一个她朝思暮想的礼物。小小年纪的她，也开始明白了一个规则：没有无缘无故就能得到的东西，自己必须耐住性子学会等待。

同时，如果想一次得到多个自己喜欢的东西也是不可能的，所以小姑娘学会了取舍。正是有着一次次类似的内心体验，凯莉的小女儿懂得了珍惜，也很明白自己得到的物品的价值。

我们大人几乎都明白，很多在漫长等待之后才得到的东西，往往更让人珍惜。这个道理对于幼儿来说，其实也不例外。所以，如今摆在自己房间里的每一件礼物，都是凯莉女儿的挚爱。她也从没有像一些孩子那样，因为新礼物的到访就冷落或者丢掉原来得到的礼物。

这样的性格成长，真的是一种幸运！

很多的实验都已表明，那些轻易就满足孩子的家长，往往也会轻易地对孩子百依百顺。而常常处于被满足状态的孩子，大多会以自我为中心，以自我的需求为导向，认为得到什么都是理所当然，不明白也不愿意去理解现实世界的基本规则。形成这种心理状态的孩子，往往会随意转移自己的注意力和喜好，今天可以喜欢电动车，明天就会爱上飞机模型，后天则会出提出更加不合理的要求。久而久之，昨天还被他们视为宝贝的东西，今天扔了也不会觉得可惜。

一旦让孩子如此成长下去，长大之后也就不会有长久的定力和耐心，更难图什么成就了。

相信每一个家长都是有智慧的，为了自己的孩子可以健康成长，父母理当把握如下两大原则：

一是适度延迟孩子们一部分的合理需求。小孩子的好奇心总是远超过家长们的想象，他们的需求自然也是层出不穷。即使是那些看似必需的要求，家长们也要学会适度延迟，给出孩子一个可以预期的等待时间。

二是懂得拒绝孩子的不合理要求。生活中每个孩子都会提出一些"无理要求"，家长们应当掌握拒绝的技巧。这就要求家长不能一味地扮演绝对的强势者，而应当学会用相应的条件去拒绝孩子，让他们明白得到就要有付出的人生之理。

# 犯错
## 是我成长的常态

给家长的备忘录：

别让我觉得犯了错误就像犯了罪，它会消弱
我对人生的希望。

　　在大人的世界里，孩子们似乎天生爱犯错。很多家长看到孩子犯错误时，都会情不自禁地采用体罚的方式来教育孩子，让孩子们觉得犯了错误就像犯罪一样不可饶恕。

　　由于孩子们的知识量不够丰富，逻辑思考能力不够成熟，因此面对一些事情他们常常没有能力做出正确的判断。只有随着年龄和阅历的增加，才能渐渐形成判断事物的逻辑思维能力。

　　美国著名教育家斯特娜夫人曾经说过："体罚孩子，只能使孩子变得顽固、冷酷和残忍。"在孩子成长的过程里，犯错是一种常态，孩子们会在不断地犯错中积累经验，也会随着慢慢长大不断地练习如何做出正确的决定，那些错误的经验将是孩子做出正确决定的奠基石。

　　正确对待以及处理孩子的错误，引导他们向好的方面发展，家长就要学会尊重与宽容。不要总是盯着孩子的缺点和错误，也要注意发现孩子身上的优点，及时表扬，这样才能让孩子增加改正错误的信心。同时，奖罚分明更加适合孩子的成长和进步。

## § 鲁莽后，其实我已经很害怕

　　每一个人都是从错误中成长起来的，孩子当然更不例外。从来没有不会犯错的孩子，关键是父母怎样对待孩子的错误。不是一味地批评和指责，给孩子多一点包容和鼓励，孩子才能从中获得成长，以后不再犯类似的错误，这才是教育的最终目的。

　　一个孩子站在小板凳上从冰箱拿奶瓶，可他的小手还不足以将奶瓶抓牢，奶瓶掉到地板上，奶水撒了一地。

　　妈妈走过来，并没有呵斥和责怪他，而是和他一起玩起地板上的奶水。

孩子忘记了刚刚打翻奶瓶的恐惧，觉得很有趣玩得很开心。

后来妈妈引导孩子要用布将地板收拾干净，并拿出另外一个奶瓶，手把手地教孩子怎样从瓶颈处抓住奶瓶，这样比较容易抓得牢。在这个过程里，妈妈没有愤怒和责怪，更多的是包容与鼓励，她不仅让孩子得到了经验，更给了他信心，在错误面前变得坦然并且从中得到乐趣。

托比是个淘气又好动的孩子，总是不停地"闯祸"。

一次托比拿着外婆的老花镜，开始觉得好玩，左看右看，没等大人们发现就用小卡车砸坏了镜片，同时划破了小手。

妈妈拿来药箱，给托比做了简单的包扎。托比知道自己做错了事，一声不吭。

过了一会，妈妈问："还疼吗？"

托比见状，哇的一声哭了起来。

妈妈给了托比一个大大拥抱，说："乖儿子，你打坏了外婆的眼镜，那外婆怎么看报纸、怎么看电视呢？"

托比若有所思地点点头，跑到外婆跟前去说了道歉的话。以后每次看到外婆的眼镜，托比都小心翼翼地帮忙放好，再也没有做过类似"搞破坏"的事情。

其实孩子在犯错之后，内心会充满恐惧，害怕父母的责怪甚至体罚，如果孩子已经意识到错误，父母应该给予孩子足够的包容，不要把错误无限扩大，甚至采取谩骂和恐吓的方式。可以心平气和地指出孩子的错误，跟孩子讲道理，注重情感的沟通，让孩子在犯错之后感受到父母的关爱。

所以，现实生活中，面对时不时会"犯错"的孩子，家长们应遵循以下原则：

一是不要第一时间责骂孩子。小孩子总是笨手笨脚，时不时打碎一些东西，或者弄坏父母们一些"宝贝"，让人很抓狂。但是家长在面临这样的境况时，不要第一时间呵斥或者责骂孩子，这不仅会加深他们的恐惧，还会让他们的自尊心和自信心受到严重的打击，以后做什么事情都要担心会不会"被骂"，形成胆小的性格。

二是面对孩子的错误，多以鼓励为主。当孩子试图去尝试一件事情而犯了错误，或者他们很想做一件事情却没有成功的时候，做父母的应该避免去责备他们。由于年龄原因，孩子们做事缺乏必要的技巧，但是失败并不能否定他们自身的价值。在孩子犯错的时候，做家长的应该更多的鼓励孩子，不要一味指责批评。同时要给孩子更多的包容，从根本上帮助他们树立自信，批评责怪会打击他们的积极性，鼓励和引导才能让孩子得到正确处理事物的技巧和方法。

## § 我的成长需要犯错的机会

很多人看到这个题目有些不理解，一般父母都希望自己的孩子不要犯错，在孩子犯错的时候也是想尽一切办法纠正。既然如此，为什么要说给孩子犯错的机会呢？

以多数育儿经验来说，在错误和失败中得到的成长是最多也是最快的。这里所说的犯错误是指增加孩子认识错误、改正错误，并从错误中得到学习和成长的机会。

只有发现自己的错误，才能意识到并且去改正，以后才能避免类似的错误再次发生。孩子犯错的时候，家长最容易发现孩子的弱点，并给他们以正确的指导。这可以说是一种教育手段，也可以说是一种微妙的教育艺术。

在日常生活中，让很多爸爸、妈妈十分头疼的问题，就是孩子们因为淘气、懒惰等原因而导致的错误层出不穷。

1岁前的孩子，思维方式比较单一，身体协调能力也比较差，而且由于年纪太小，犯错误往往不是有意的，这时，家长们应该无条件地原谅宝宝。

1岁以后就不能太纵容孩子了，这时的小家伙们已经逐渐具备了一定的分辨是非的能力，在说教无效的情况下，要采取适当的惩罚。

父母们高明的惩罚会产生意想不到的效果，能帮助宝宝改掉一些不良的习惯，并且牢牢记住教训以后不再犯类似的错误。

一天，托比家里来了客人，小托比兴奋地跑来跑去。

托比把玩沙子用的小桶装满了水，提着小桶在屋里四处乱跑。妈妈警告了他很多次，不能把水洒到地板上，但托比都像没听到一样。

最后，托比还是把水桶打翻了，水洒了一地。而他正玩得兴奋，根本没意识到自己做错了事，光着脚丫得意地踩水玩，把全身的衣服都弄湿了。

外婆连忙拿出拖把准备拖地。妈妈抢过拖把交给托比，对他说："把湿衣服脱下来，自己洗干净，然后把地拖干。"

托比当然不同意地又哭又闹。但妈妈态度坚决，见托比不肯执行命令，便直接把他拉到小屋里关禁闭。托比在里面大声地哭，过了一会儿，在房间里大声喊："妈妈，妈妈，我错了。"

妈妈站在门外，问托比："那你知道该怎么做了吗？"

"我知道。"托比不加思考地回答。

妈妈打开门，托比从房间走出来，脸上还挂着两行泪珠。他拿起高高的拖把，足足有他两倍高，吃力地把地上的水拖干净。然后，脱下衣服，光着小屁股走进洗手间，像模像样的洗起衣服来。

连客人们都很惊讶，一个三岁的孩子竟然可以这样听话。

虽然妈妈对托比如此严格，托比对妈妈却爱得不得了。

他在外面玩耍的时候，回家时会收集一些好看的花或者他认为漂亮的石头，郑重其事地送给妈妈；别人送给他的小礼物，他也希望妈妈能和他一起拆开；有了好吃的，总是第一时间想到妈妈。

可以说，在教育孩子的问题上，托比的妈妈确实给家长做出了一个好的榜样。其中，如下两个方面值得家长们认真拿捏：

其一，孩子犯了错误就要受到惩罚。家长可以这样告诉孩子："只要犯了错误，无论是故意还是无意，都应该受到惩罚。"并且态度坚定。比如：孩子因为闹情绪而摔坏了杯子，虽然不是故意的，但确实是他自己的过错。虽然孩子本身也不想要这样的结果，但是结果已然造成，就要负责赔偿。同时要告诉孩子，如果勇于承认错误，并且确实是无意的，爸爸、妈妈会相信他，并考虑减轻对他的惩罚。如果他说谎或者逃避责任，将受到加重的惩罚。

其二，适当的惩罚不是威胁。当孩子犯了错误，做父母的要跟孩子讲道理，告诉他什么是对的什么是错的，如果继续这样做会产生怎样的后果。当孩子不听父母的说教，就要执行适当的惩罚。但是不可以用威胁和恐吓的方式，这样不仅不能产生更好的教育效果，反正会让孩子产生恐惧，以后很多事情都不敢再告诉父母。

## § 原谅我还分不清"对"与"错"

面对孩子时不时的"违规"行为，大多数父母都很难保持冷静，一时之间无法控制自己的脾气，"立即制止"似乎是父母们的第一方式。可这种教育方式，往往不能起到很好的效果，相反会激起孩子更多的反抗行为，而且孩子很容易被父母的粗暴行为吓到。

因此，当面对宝宝们无厘头的行为时，父母首先要冷静下来，试着和孩子好好沟通，可以用其他事情来分散他的注意力，或者用别的方式来替换孩子们的"错误"行为。

比如：当孩子坚持一件父母认为是错误的事情，家长可以用孩子平时喜欢的东西去转移他的注意力，使他自动放弃"错误"。

倘若父母总是第一时间蛮横地阻止，会挫伤孩子的自尊心和上进心。犯错并不可怕，那些小"错误"正是其成长的一个独特标志。

另外，家长在批评孩子的时候，最好不要愤怒地指责，应该耐心引导，用自身的行动和爱，让孩子化错误为成长的契机，以保证孩子们的身心和谐发展。

3岁前的孩子很多行为来源于对外界事物的模仿，因此，父母要特别注意自己的言行和态度，一个愤怒的妈妈无疑会培养出一个愤怒的宝宝。当孩子犯了错误，父母大可以采取游戏的态度，让孩子明白是非对错。寓教于乐，才是教育最好的方式。

那些经常因为犯错而被打骂的孩子，内心里会充满恐惧。这时他们并不能真正地理解自己的错误所在，家长的打骂丝毫不能帮助儿童确立正确的对错观念，只会让孩子觉得暴力是一种很好的解决问题的办法。要想让孩子变成什么样，就需要父母首先做出表率。不要低估孩子的模仿能力，家长应该让孩子懂得有礼貌，有教养的举止是值得骄傲的事情。

曾经有父母这样说："我上辈子是造了什么孽，竟然生出你这样的孩子！"

父母们清楚地表达了自己的不满，向孩子传递了这样一个信息——"你不是个好孩子"，这样的行为会给孩子带来一定的心理阴影。如果家长们在面对孩子的错误时能够保持冷静，给孩子的感觉是"你是个好孩子，只是现在遇到点小问题"，效果就不一样了。

有一次，安娜遇到一个孩子在虐待小狗，就问他："宝贝，你为什么要打小狗？"

孩子说："因为我父亲经常这样打我，所以我也打狗。"

现实生活中，经常发生因愤怒而打孩子的事情，棍棒教子，仍然是许多家长所热衷采用的教育方法。

事实上，这种做法是不对的。孩子做错事，家长也有责任，不能全怪孩子。孩子之所以一再做错事，是父母对孩子的缺点处理不当的结果。

因此，如何在实践中应对犯错的孩子，家长们应牢记以下两个方面：

首先，要注意自己的情绪，要善于控制自己，不要随意发怒。不论孩子犯了怎样的错误，家长都要学会忍耐，把问题的严重性讲明白，以便孩子对照改正。和颜悦色更有利于孩子悔悟自己的错误。

其次，让孩子学会思考和反省。当孩子犯了错误，应该让他独自反省、自己收拾残局，然后通过自身努力去弥补过错。有些孩子犯了错误，妈妈会让孩子到卫生间里反省，然后再让孩子完成家务劳动作为行为补偿，这样往往会收到非常好的效果。

## § 之所以犯错，因为我好奇

随着年龄的增长，宝宝的好奇心也会越来越强，他们常常以自己特有的方式去探索周围的世界。

在孩子的眼睛里，没有什么是不可能的，也没有什么是不可以的。如此，家长们常常为宝宝的"错误"提心吊胆和哭笑不得。

有的父母选择跟在宝贝的身后为他们的"荒唐"——买单，有的父母充分利用自己的"权威"责怪或者打骂孩子。其实，孩子们并不是故意犯错的，他们只是好奇而已。父母要学会正确引导，将"错误"化作"惊喜"，做一个和颜悦色的家长。

父母们千万不要认为宝贝们只会闯祸，其实小孩子也很有责任感，他们害怕父母的责备，害怕爸爸、妈妈认为自己是个坏孩子，因为很多错误往往都是孩子们无心而为的，所以随意给孩子戴上"坏孩子"的"帽子"，对孩子很不公平。

因此，家长不要忽视宝宝"犯错"后的心理安抚，父母可以耐心地为他们收拾残局，让孩子了解到自己的行为所造成的后果。对于孩子的错误而导致的后果，家长也要注重先关注孩子的心理和情绪，要让宝宝感受到父母对他的关爱和包容，体验到温暖。

露西2岁的时候，曾经一度痴迷于各种声音，小鸟的叫声，动听的音乐声，甚至于各类玻璃破碎的声音。

有一次，露西把家里的玻璃杯高高举起，兴奋地摔到地上，杯子碎了一地，她却因为听到声响在旁边开心地笑。当妈妈阻止她时，她会睁着无辜的大眼睛看着妈妈，之后哇哇大哭。但是妈妈的阻止不起任何作用，家里的杯子还是不停地受到她的残害。

有一次，露西又摔坏了家里的玻璃杯，妈妈将她带到碎玻璃面前，告诉她："宝贝，你打碎了玻璃是会伤到自己和家人的，被玻璃割破会流血，然后要去医院包扎，会很疼的。如果伤到了爸爸、妈妈，就没法照顾你了。"

露西将信将疑地点点头，但为了证明妈妈的话，她随后伸出小手摸了一下，瞬间被玻璃划破了手指。

妈妈心疼地给露西包扎伤口，并没有发怒。不过从那以后，露西真的再也不摔玻璃杯了。

所以，这里给家长们一些具体建议：

第一，如果宝宝因为好奇而做错事，比如：把玩具等拆坏或者砸坏，他们只是想弄清楚这些东西的新奇之处。那么对这类错误，家长们大可不必担心，耐心地向孩子讲道理，必要时放手让他们承担一些小"伤害"，一定可以让他们记忆深刻。

第二，宝宝犯错也有特殊原因。孩子的好奇心很强，他们的智力发育远远先于其技能的发展，因此，孩子们似乎总是在有意无意地破坏着周围的世界，加上年纪小，对外界的认知往往不正确，大人眼里的种种"错误"在孩子的脑海里则变成种种有趣的冒险。所以，当宝宝犯错时，做父母的应该给予一定的理解，了解孩子的心理，不要简单粗暴地去制止。

第三，不要给宝宝贴标签。小孩子最担心的就是爸爸、妈妈不喜欢他了，所以即使宝宝犯了错误，家长也要避免大声呵斥宝宝，不随便给孩子贴些"坏孩子"、"不听话"之类的标签，更不应该说这样的话："不听话就不要你了"、"再这样就不喜欢你了"，不要让孩子感到恐慌和无措。

家中有个顽皮宝宝，可能很让家长头疼，但这也不是坏事，孩子们都是在"劣迹斑斑"的道路上成长为参天大树的。做父母的要有足够的包容心，允许孩子们在一定范围内犯错，即便错了也实在无需扳起面孔，微笑面对也未尝不可！

## § 让我试着承担犯错的后果

责任心是一个人成长和做人的重要基础，也是做事情的重要指标，一个缺乏责任心的人，长大以后就不可能认真去做事，而一个人如果没有担当，将来也很难在社会上立足。

每个人在成长道路上都无法避免犯错，即使长大成人也还是会犯一些错误，金无足赤，人无完人，更何况是小孩子，犯错本就是件非常正常的事情。

在成长的过程中，家长要允许孩子犯错误，但是应该坚持这样一条原则：必须要为自己的行为买单，必须为自己所犯的错误承担代价。

当孩子犯了错误，父母大可不必过多批评，言语上说得太多了，反正容易让孩子产生懈怠，根本听不进大人们的话。只要让孩子自己去承受因为他的错误所造成的后果，感受到由此产生的不愉快甚至痛苦，就会使孩子自觉弥补过失，改正错误。

　　生活中，很多家长溺爱孩子，愿意为孩子的过失"买单"，孩子把地面弄脏了，家长在后面帮着收拾；孩子在外面跟人打架，家长出面去道歉、赔偿。

　　家长们以为这样是保护孩子，殊不知不让孩子去承担后果，他们就不会正确面对错误，吃一堑，才能长一智，没有体验到后果和惩罚，下一次错误还会重复再犯。

　　五岁的杰克上小学一年级，非常聪明可爱，但是经常丢三落四，总是将学习用品忘在家里，每次都要奶奶急急忙忙地给他送到学校。

　　这样持续了一个多月，一天爸爸对杰克说："我们来定个规矩，从今天开始如果你忘记带东西，只有一次机会我们可以帮你送到学校。超过一次，就要你自己想办法了。"

　　杰克说："那老师要批评我的，同学们也会笑话我的。"

　　爸爸说："那就是你的事情了，去上学的人是你又不是我们。"

　　第二个月，杰克第一次忘记带东西，爸爸没有多说就给他送到了学校。第二次杰克又打电话给爸爸："爸爸，我的作业本忘在家里了，你能帮我送过来吗？"

　　爸爸说："当然不能，你的一次机会已经用过了，没有了。"

　　杰克说："可是没有作业本，老师要批评我，还会罚我的！"

　　"那就罚好了，是罚你又不是罚我。"

　　说完爸爸就挂断了电话。

　　那天上课，杰克真的被惩罚了。

　　放学回家后，小杰克开始闹情绪不跟爸爸说话。可是临睡觉前，爸爸到他的房间里发现，杰克把第二天上课要带的东西都画在了一张图画纸上，所有的东西也都已经塞进小书包里了。

　　从那天以后，杰克再也没有让家长为他送过一次东西。

　　其实，哪个孩子能不犯错呢？又有哪个孩子生下来就是严谨细致的呢？坏习惯很多孩子都有，聪明的家长不妨试试像杰克爸爸一样的"狠心"，不着急为孩子的错误"买单"，试着让孩子自己承担后果。

唯有如此，孩子才会明白人生要自己负责，除了自己，再也没有谁会为自己的错误"买单"。

实践中，面对犯错的孩子，聪明的家长还应该记住如下两点：

首先，不要回避孩子的错误，因为错误也是一种教育资源。要积极引导孩子在错误中汲取教训，在错误中不断成长。做一个"狠心"的家长，也不失为一个明智之举，那才是对孩子更好的爱。

其次，让孩子学会对自己的行为负责。事情的结果无论是好是坏，只要是孩子自己做的，就应该引导并鼓励他们勇于承担责任。家长不要替孩子去承担，否则容易给孩子养成逃避责任的坏习惯，同时还不利于责任心的培养。

## § 面对我的错误，学学上帝吧

人们常说，一千个读者有一千个哈姆雷特。同样，一千个父母也有一千种教育方式。面对孩子犯错，每一位父母都有不同的反应。

有些家长喜欢批评，有些家长善于给孩子讲道理，有的会发怒，有的会责备，虽然方式、方法不尽相同，但是所有父母的出发点相同，都希望孩子在成长的过程中少犯错误或者不犯错误。

可是家长忽略了错误让人成长，每个人都是在顺境中获得的经验教训少，而在失败中得到的更多更深刻。

有句名言说："上帝都不会责备犯错的孩子！"

只是很多家长却并不这么想，只要孩子犯了错误，家长就不问是什么原因，也不论错误大小，一概责备。

托比三岁的时候，很喜欢自己拿着杯子、碗之类的东西去装水喝，虽然他已经足够小心，但还是经常打碎妈妈的玻璃杯。

一次家里来了一位客人，妈妈在客厅陪客人聊天，小家伙看妈妈没有注意他，拿起桌上的杯子准备去装水的时候，一下子把杯子掉在地上摔碎了。

妈妈看到后，对托比说："下次小心一点。"

然后收拾起玻璃碎片就继续和客人聊天了。

客人很惊讶地说："如果是我的宝宝这样做，我想我一定会克制不住发怒的。"

托比妈妈说："这点小事不值得打骂孩子，他也不是故意要摔碎杯子的，孩子这么小，正是好动的时候，如果把他管得老老实实的，什么也不敢做，我反而会更担心。"

其实，妈妈对托比一向是很严厉的，倘若警告之后托比还"一意孤行"，托比一定会受到惩罚，但对于那些无心的小过失，妈妈从来不跟他"计较"。

还有一次，妈妈见托比拿着钥匙，笨拙地试图插进锁孔中，他想打开柜子的门，可怎么也不能准确地把钥匙插进锁眼。外婆想要去帮忙，却被妈妈制止了。

妈妈说："让他自己琢磨一会吧，总能打开的，第一次打开了，下一次就不会忘记了！"

果然，折腾了一段时间后，小托比终于如愿以偿地打开了房门。

可见，孩子在一个领域里所犯的错误是有限的，然而得到的成长却是无限的。在孩子犯错的历程中，家长们要注意如下几点：

首先，区分孩子犯错的种类。比如：随手乱扔垃圾，欺负小动物等，对于小孩的这些行为，家长发现之后，必须及时予以纠正，不能放任，否则日后将很难改正。而另一种，是给孩子一些时间和机会，他们就能够明白并且改正的，比如把衣服穿反，打翻家里的花瓶，这种错误是可以允许孩子们犯的。孩子不断犯错误的过程，就是不断改正错误、得到成长的过程，家长们不要剥夺了孩子成长的乐趣。

其次，放手让孩子学会独立。独立自主更有助于孩子的成长。家长要做的，是如何将孩子犯错误过程中的消极因素转化为积极的、合理的因素，多给孩子创造尝试错误和完善自身的机会，这种成长的"烦恼"会让宝宝记忆深刻。

## § 你的"不喜欢"让我很恐惧

通常孩子的感受和行为有直接的联系，有好的感受，才会产生好的行为。感受自己被接纳的孩子，会更开朗，做事更自信。可以说，在婴幼儿阶段，孩子们没有太多的烦恼，最直接的情绪信号来源于父母，孩子最怕的就是父母说："我们不喜欢你，我们不爱你了"。

孩子对父母和老师有一种天然的敬畏，他们也会担心自己犯了错，父母就不喜欢他们了，父母的爱就改变了。作为家长一定要知道孩子的内心是充满恐惧的，所以即便是他们犯错的时候，也要给予他们足够的安全感。

六岁的杰克问爸爸："爸爸，现在有多少孩子被抛弃？"

爸爸很高兴看到儿子对社会问题感兴趣，查了一下资料告诉了他。但是杰克还是不满意，继续问同样的问题："那在纽约有多少孩子被抛弃呢？在美国呢？在全世界呢？"

这时，爸爸终于明白，儿子关心的是个人问题，并不是关心"社会问题"。也不是儿子出于对被遗弃孩子的同情，而是他担心自己被抛弃。他小小年纪对数字没有那么敏感，只是想知道自己会不会成为他们中的一员。

于是，爸爸仔细考虑了一下然后回答道："你担心爸爸、妈妈可能会像其他父母那样将你抛弃吗？我向你保证我们不会抛弃你，如果你再为此感到烦恼，告诉我，这样我才能帮你消除担心。"

杰克一下子哭了起来，对爸爸说："可是你昨天说如果我不听话，你们就不爱我，不要我了。"

爸爸这才意识到问题的严重性。原来自己无心的一句话，让小家伙的内心充满了恐惧。

很多家长由于工作繁忙，压力也很大，回到家看到孩子又吵又闹，总会忍不住呵斥孩子，有的说"你怎么总是不听话，真是个烦人精！"。还有的家长会说："你再这样，我们就不喜欢你，不要你了。"这种威胁式的口吻，大人们并不是有意说的，可是说者无心，听者有意。孩子会当真，他们最怕的就是他们最爱的、非常依赖的父母不喜欢他们了。

一个有自尊并且尊重他人的孩子，一定是先得到过成人的尊重。

如果做父母的不给予孩子这种尊重，对孩子很粗暴，不仅会让孩子变得自卑、胆小，而且也会让他们想当然地认为，自己也可以很权威地对待"弱者"，从而不会站在别人的角度去考虑问题。

鉴于此，家长们在面对犯错的孩子时，必须注意自己的说话方式与方法，不能以爱的名义去伤害孩子。下面是两点值得家长们借鉴的建议：

一是让孩子体会到父母的爱。宝贝们即便做错了事情，家长也不要冷言冷语地去批评，可以跟孩子讲道理，可以适当地进行惩罚，并告诉他这是他做错事应该承担的责任和后果。但是，同时也要告诉孩子：爸爸、妈妈依然喜欢你。

二是不要充当"巫婆"的角色。有一位美丽的公主，从小被巫婆关在一座高塔上面，巫婆每天都对公主说："你长得很丑，见到你的人都会感到害怕。"小公主相信巫婆的话而不敢逃走，她怕自己的样子吓到别人。直到有一天，一位王子路过，他看到公主的美貌并救出了她。王子拿来一面镜子，小公主此时才看到自己原来如此美丽。

在纠正孩子犯错的过程中，很多父母都会像上面故事中的巫婆一样，向孩子灌输"你不好"、"你很坏"、"没人喜欢你"的概念，让孩子真的认为自己很差，不讨人喜欢。所以，家长们不要总是说："我不喜欢你了。"等等。不要无意间充当了"巫婆"的角色。

## § 你的宽容能给我改正错误的勇气

陪孩子一起成长，说起来容易做起来其实很难。

作为家长，往往是站在一个居高临下的位置上教育孩子，其实父母应该意识到，小孩子在对世界充满好奇的同时，也充满恐惧。他们每一次犯错，每一次慌张，都希望父母陪在他们身边，给他们鼓励和温暖。

当孩子兴高采烈地跑回家，即便满身灰尘，父母也不应该因为孩子弄脏衣服而不高兴，劈头盖脸就是一顿责备，家长应该更关注孩子为什么这么高兴，要关心孩子的快乐并和孩子一起分享快乐。

当孩子因为犯错而恐惧，父母说声"错了也没关系"，这样的宽容能给孩子改错的勇气，同时也能培养他们继续探索的胆量，要知道，小孩犯错是必然的。

亲子关系的和谐是孩子心中一盏温暖的明灯，只有了解孩子的心理才能点亮他们的内心世界。不能按大人的情绪和经验去支配孩子，父母应该学会倾听，耐心听孩子解释和倾诉，了解他们犯错的真正原因。

托比和邻居家的小孩一起在草地上玩，不一会就哭着跑回了家。妈妈没有像其他家长一样果断地下结论："你怎么又和人打架？一定是你做错事"等等，而是温柔地问托比："告诉妈妈是怎么回事好吗？"

托比把事情一五一十地告诉了妈妈，原来他们因为谁先踢足球而产生了争执，但是并没有动手。

这个问题看起来不起眼，但是非常重要。许多家长碰到突发状况时，会习惯性地下结论，但过程往往并非家长所想的那样。

让孩子说清楚事情的经过，才不会冤枉孩子。而且，给孩子机会说话，即使他真的错了，也会因为有机会为自己辩解而甘心认错，同时也能意识到自己的错误。

作为家长，能够见证孩子的每一次挫折和成长是最大的幸福；而作为孩子，每一次失措和恐惧的时候，有父母陪在身边，鼓励他们，教导他们，也是莫大的幸运。

具体到日常生活中，在处理如上的问题时，家长们需要注意几个方面：

首先，不论发生什么事情，第一关注孩子的情绪和心情。多问孩子："那你现在的感觉如何，需要爸爸、妈妈帮你做什么事情吗。"犯了错的孩子，内心会更不安，此时家长要让孩子体会到家人的关注和温暖。让孩子知道，不论发生什么事情，父母都是他们最可以信任和依赖的人。孩子敢对家长说真话、讲实话，父母才能更了解自己的孩子，从而用更正确的方式去引导孩子改正缺点和错误。

其次，引导孩子想办法。当孩子们闯了祸，或者做了一些家长认为不好的事情，父母可以对孩子说："你觉得接下来该怎么做呢。"每个人都会选择对自己最有利的决定，如果了解后果，每个人都会权衡，做出最合理、明智的选择。可能孩子的抉择不是家长期望的结果，但也要尊重孩子的决定。父母一定要言而有信，不能问过孩子的意见之后，又不尊重孩子的想法。即便孩子做了错误的决定，也是他经过思考的，并且在孩子承担了因为他的错误决定所带来的后果之后，才会在之后避免犯同样的错误。

最后，身教大于言教。做家长的不要用放大镜去看孩子的缺点，首先自己应该在孩子面前树立一面镜子，用行动的光辉去影响孩子。孩子常常在不知不觉中修正自己的言行，家长的一言一行都是孩子的表率，只有父母做好了，孩子才能学习父母身上的优点，摒弃自身的缺点。

对父母来说，教育孩子任重而道远。家长在教育着孩子的同时，还需逐步完善并提高自己，提高教育的智慧，享受教育孩子的快乐，让孩子在爱的沐浴下健康快乐地成长。

# 我是家中的
# "小大人"

**给家长的备忘录：**

别让我觉得自己比实际的我还渺小，这只会
让我假装出一副和我实际年龄不符的傻样。

在父母的眼里，孩子永远是孩子。其实再小的孩子，都有自己的想法和主见。每个父母都应该相信孩子，他们完全有能力理解大人的话。他们不会永远是孩子，即便岁数小他们也是小大人。

每一个孩子有都做大人的欲望。

他们喜欢模仿大人的语气说话，模仿医生给病人看病的样子，喜欢穿大人的衣服和鞋等。这不仅仅是因为他们喜欢模仿，而是他们的潜意识里希望自己快快长大，成为一个大人，希望能够做大人做的事情，他们渴望体验大人的角色。如果孩子被允许去做"大人"的事情，他们会非常高兴。

父母应该做的就是及时和孩子沟通，及时了解孩子的想法和内心，给孩子一些发表意见的机会，就算孩子说的话不是太正确，也不要一概否定，可以引导孩子采用另外一种更好的方式，比如说："你这样也有一定的道理，但是，妈妈（爸爸）觉得有一种方式更好，建议你可以试试"。这样孩子就没有了抵触心理，他会感觉到自己像大人一样得到了重视和认可。

## § 我知道的比你想象中要多

在大人们的眼里，孩子似乎永远长不大，单纯地只知道吃饱穿暖，玩开心了就好。殊不知，孩子并不像大家想象的那么"单纯"。

有孩子的父母，可以试着和宝宝们交流，就会发现他们确实听得懂大人们的语言，只要父母有足够的耐心，不要以为孩子小就什么都不懂。他们可以很好地理解这个世界的规则，也就是所谓的人小鬼大，他们知道的远远比家长们想象的要多。

一位儿童心理学家曾经这样形容一个正在发脾气的婴儿：宝宝一定是想告诉我们什么，或者我们应该知道宝宝看到了什么。

在医院的儿科诊室里，心理学家走到几个谁也安抚不住的婴儿身边，耐心地向宝宝们解释他们的父母在哪，他们为什么要来到医院，宝宝们竟然神奇地停止了哭泣。

由此可以看出：跟宝宝交流意义重大，大人需要说出实情让宝宝知道正在发生的一切，当他们知晓，自然就减轻了恐惧。

事实上，还在妈妈肚子里的时候，宝宝就已经开始偷听大人们讲话了，并能够通过直觉认识到身边发生的矛盾和各种问题。从婴幼儿时期开始，他们就已经是个小大人了。

心理学家曾做过这样一个试验，以此来证明小孩子是否有道德意识和价值取向。

研究人员给一些6-10个月大的婴儿表演一台木偶剧，一个是助人为乐、热情开朗的木偶角色，另一个是凶悍暴力、非常反面的木偶角色。演出结束以后，研究人员在盘子里放了两个不同角色的木偶玩具让孩子去选择，几乎所有的婴儿都选择了喜欢助人为乐的木偶。

可见，宝宝们会被正面人物吸引，同时排斥反面人物。

这个简单的试验让人不得不相信：孩子知道的比我们想象的要多。

露西两岁的时候跟妈妈上街，街道上有个乞丐爷爷。露西看到来来往往的人有的会丢下一些硬币，有的会放下一些食物。于是她瞪着大眼睛看着妈妈，迟迟不肯走。

妈妈明白了露西的心意后，立刻掏出一枚硬币，放在她的小手里。

露西跟跟跄跄地走到爷爷面前，蹲下身将硬币放在一旁，眼神里满是关心和温暖。

没有人给露西灌输过这种思想，但是孩子天生就有善念，他们懂得同情弱者。所以在生活中，父母不妨把宝宝当成大人来对待，说不定会有意想不到的收获。

那么，家长们究竟该怎么做呢？

首先，用对待大人的方式去对待孩子。当宝宝们哭闹不止，不要第一时间采取哄骗和吓唬的方式，要相信当宝宝们了解了实际境况，会打消内心的恐惧，而家长们耐心和真诚的沟通方式，也能让孩子安心。

其次，尽量把他当成"小大人"。当孩子感觉到自己被尊重、被重视，这样才能让他们更加认真努力地做事，并且负有责任心。比如：带孩子去超市采购生活用品，可以这样对孩子说："你觉得要哪个好呢，妈妈很看重你的意见。"这样孩子很容易就在家庭中找到存在感，也更愿意向父母表达自己的想法，从而培养他们的独立能力。

## § 我也有自己的内心世界

什么是孩子最大的幸运？就是拥有一个了解他的爸爸、妈妈。父母了解孩子，才能更好地教育孩子，关注孩子各方面的成长。在宝宝长大的过程中，让他们体验到内心的幸福感更为重要。

懂孩子是教育孩子的基础，如果不了解孩子的内心，那么大人们认为的合理教育，对孩子来说却很可能是一种灾难。

读懂孩子的内心世界是一个很大的命题，在孩子0—6岁阶段，谁对他们影响最大呢？无疑，答案一定是父母。

在孩子的教育生涯中，父母是绝对的主导地位，任何人、任何机构都无法替代！家长应该认真倾听孩子，并向他们解释这个世界。只有多跟孩子交流，才能更好地了解他们。

交流是相互尊重和理解的基础，倾听孩子内心的声音，接纳他们的感受，了解他们的需求，才能更好地交流和沟通。

在日托中心的工作人员说："有时宝宝会做噩梦，一定要和他说话才能让他安心，我们经常和宝宝交谈，观察他们眼神和表情，即使是最小的孩子，我们也会这样做。我们相信，他们听得懂。"

托比小的时候特别认生，每次见到陌生人都大哭不止。

一位医生朋友告诉妈妈，下次有客人来的时候，应该提前告诉孩子，家里一会儿要来客人。当门铃响起来的时候，告诉孩子，客人来了，我们准备一下迎接。

妈妈按照这种方法试验了一次，果然很有效果。托比不但没有哭，反而表现得很热情。

当然托比得到了妈妈的表扬。

作为父母，我们要懂得观察孩子的内心，并且及时扑捉到他们的心思。

托比刚刚会走路的时候，妈妈总是很担心，担心自己有事离开的时候，托比会到处乱跑。

一次妈妈要去拿洗好的衣服，就对托比说："宝贝，妈妈离开一下，去晒衣服，你乖乖站在这里不要动好吗？"

托比瞪着大眼睛对着妈妈点点头。

妈妈跟他勾了下手指说："妈妈很快就回来。"

然后妈妈躲在窗帘后面观察了他两分钟，托比果然站在那里一动不动。

五分钟后，妈妈回来，小托比还站在那里。可见小孩子也是讲信用的，只要家长真的把他们当大人对待。

在和宝宝相处的过程中，家长怎样做才能让小大人更听话呢？

第一，告诉宝宝你在做什么。大人对未知的东西会感到恐惧，小孩子也不例外。很多育儿专家都有过这样的建议：告诉宝宝们你们在做什么。比如：妈妈现在要给你洗澡；我们一会要出门；爸爸一会就回来陪你玩。这不仅仅是在和宝宝交谈，还是在向他们传递信息，宝宝们也喜欢被提前告知，并且得到礼貌的对待。

第二，用对待成人的方式向宝宝解释问题。孩子们可以听懂家长的话，即便是很小的时候，不要以为他们不懂道理。当然这需要家长更多的耐心和"真心"，当家长公平地对待孩子，他们的表现会超出你们的想象。

## § 你的理解会给我的想象插上翅膀

孩子们总是活泼好动，对任何东西都充满好奇。但是很多家长常常会担心，怕孩子把家里的东西弄坏或者受伤，于是限制孩子们的一些行为。

可以说，这是非常不明智的选择。

多锻炼孩子的动手能力对于其脑力的发展非常重要，而限制宝宝的行为，无疑会制约他们的成长。

下面来具体了解下孩子多动手都有哪些益处吧！

每个人都有自己的特点和个性，兴趣爱好和关注点都不尽相同。对于那些孩子感兴趣的东西，父母要开发他们的潜能并继续培养，这对孩子的智力开发很重要。一定期间内，让他们集中精力做自己喜欢的事情，孩子的才能和性情才会随之变化。

认真观察孩子的举动，从中发现他们的兴趣爱好并创造机会加以培养，这是每一位父母的责任。

托比三岁的时候，父亲发现他比较喜欢听音乐，便特意给他买了录音机。可是托比似乎对录音机的声音并不感兴趣，很快录音机就被分解了。

随后托比的玩具总是被拆拆卸卸，小家伙乐此不疲。爸爸、妈妈从不因托比的"破坏"而批评他，所以从上幼儿园开始，托比就经常参加手工大赛，老师总是夸托比很聪明，动手能力很强。

如果家长从小就遏制孩子的想象力和好奇心，将不利于孩子智力和兴趣的培养。

每个小朋友都有好奇心，他们很想知道玩具小汽车是怎么跑起来的，玩具飞机又是利用什么原理飞起来的，因此当孩子们主动去探索的时候家长们要多支持孩子，不能为孩子的人生设限。

在日常生活中，家长应该多培养孩子的动手能力。具体可以从以下几方面去做：

　　首先，在日常生活中让孩子学会自理。很多家长嫌孩子麻烦或碍手碍脚，从而剥夺孩子学习和劳动的机会，这是非常错误的。作为家长，在让孩子接受新鲜事物时，要耐心给孩子做示范，让他们跟着模仿，经过几次重复孩子就可以学会了。例如：可以教孩子系鞋带、穿衣服、放被褥、收拾自己的房间，洗一些简单的东西等等，这些都是小宝宝们力所能及的。

　　其次，父母应该减少凡事替孩子代劳的冲动。不论他们做了怎样的"破坏"，父母都应该减少对孩子的帮助，这样，才能真正提高孩子的动手能力。父母放手，孩子才能得到锻炼自己动手能力的机会。动手的过程就是手、眼、脑三方面协调的过程，想要让孩子得到全面发展，就要发展其动手操作能力。只有父母懂得放手，不给孩子设限，宝宝们才能更好的成长。

## § 请相信我能创造奇迹

　　耶鲁大学心理学家保罗·布鲁姆这样说过："宝宝可以利用物体做简单的数学题，另外，宝宝对精神生活有一定的领悟能力，他们能领悟大人们是怎么想的，也能明白大人们为什么要这么做。"

　　研究表明，8 个月大的孩子就能够明白事物的多样性。

　　当家长们把宝宝当成"小大人"，相信他们的能力，他们就一定可以创造父母意想不到的奇迹。

　　露西 10 个月大的时候，已经可以扶着客厅的书架站起来，但是她的小手会碰到书架，并将书全部拉下来。

　　这让爸爸、妈妈很烦恼，但是又没有可以制止她的办法，通常都是爸爸无奈地重新把书放回书架。

　　一天，爸爸的一位朋友到家中做客，看到了这一幕。

　　朋友立即坐到露西的旁边，耐心而又语气坚定跟她说："宝贝，我们不可以这样做。"然后向露西演示如何将书一本一本放回书架，同时告诉她："我们应该把书这样放回原处。"

露西竟然听进去了，并且照做了，爸爸、妈妈都觉得十分惊讶，他们简直不敢相信，10个月大的小孩儿，竟然听懂了，并照做了。

一直以来，父母都觉得露西是个非常可爱的小姑娘，活泼好动，但是一直也不是很乖。毕竟她还不会说话，头发都还没有很长呢。但是，露西做到了。

也许有一些家长会觉得，怎么可能，孩子还那么小，她怎么能够听大人的话。

科学家研究发现，通过对宝宝注视东西的时间长短可以测量宝宝的认知能力。和大人们一样，对于让她们惊讶的新奇的东西，孩子们关注的时间会更长。并且在孩子很小的时候，就已经开始通人性，他们的小脑袋里可不是"乱作一团"的，至少，家长应该尝试去相信他们，努力和他们进行沟通。

妈妈带一岁半的露西去打预防针的时候，将她紧紧地搂在怀里，并对露西说："宝贝，对不起，打针会很疼。"这时被儿科医生严厉地批评了。

医生说："不要对孩子说抱歉，打针只是人生中一件小事而已，而且是对她自己有益的，没必要跟孩子说对不起。"

儿科医生认为，如果对孩子即将承受的一些不舒服表现出过度的关心，那么孩子将来遇到一些困难就会认为那是人生最大的痛苦，并且都不是她们自身的原因，总要有人觉得抱歉。

在医生的引导下，妈妈开始转变了方式。

"宝贝，等下我们要打预防针，打针以后你会变得更健康。但打针会有一点疼，坚强一点，好吗？"

露西似懂非懂地看着妈妈，点点头。

医生说："露西是个坚强的孩子，跟其他孩子一样都是好样的。"

结果，那一次打针出奇的顺利，露西只是抓住妈妈的手抖了一下，并没有哭。

露西的表现真实地告诉家长们，大可以相信自己家里的"小大人"，她们比你们想象的要坚强、勇敢，且聪明得多。

那么，生活中面对"小大人"们上述问题时，家长们应该怎么做呢？

首先，相信孩子处理问题的能力。当孩子们做了一些"调皮"的事情时，相信他们可以自己"善后"，只要父母耐心和她们讲解，并且给予孩子足够的信心。在大人的引导下，孩子有采取正确行动的能力。

其次,不要过度关注孩子。如果太多地把孩子当作生活的中心,长此以往,孩子就会习惯性地以自己为中心,不顾及他人的感受。要让孩子独立、健康成长,就要从小培养孩子独立坚强的性格。只要家长多给小宝宝们一些信任,孩子就可以搞定自己的事情。

## § 融入集体生活会让我成长得更好

几乎所有的父母都希望孩子在自己身边长大,甚至寸步不离,不想错过孩子成长道路上的每一个瞬间,但是很多家长由于工作繁忙等一系列原因,有时不得不将孩子送到日托中心。当然,孩子到了一定的年龄也需要离开父母,走向社会和集体的大家庭。

对于孩子入托这件事情,孩子们开始会哭闹着拒绝,对此家长们大可不必紧张。只要选择一所正规、干净、相对较好的日托中心,孩子在集体生活中就能够更快更好地成长。

由于父母工作忙碌,有一段时间露西不得不被送去日托中心。对于小露西来说,前两周是适应期,见到妈妈走就会哭闹,但后来渐渐习惯了,不但不会哭,妈妈走的时候,露西还会很开心地和她挥手告别。

每天妈妈去接她的时候,露西都非常愉快。半年下来,露西不仅活泼开朗,也成长了不少。

日托中心的老师会每天跟孩子们聊天,不论大班还是小班,哪怕是特别小的宝宝,老师们似乎都坚信,和孩子交流能让孩子感到快乐。

在日托中心,有很多年龄相仿的孩子,他们在一起做游戏,一起吃饭,在老师的引导下学会谦让和友好相处,很多孩子就是这样改变了孤僻的性格。

除此之外,每次开家长会,日托中心都会跟家长们强调规则:任何事情都要有规矩,比如:到校和离开的时间,虽然可以在这个框架内灵活变通,但是这个规则不能打破,不论是家长、老师,还是孩子。

只有在规则的界限里才能享受绝对的自由,这似乎是日托中心教育孩子的一种理念。

一天，露西对妈妈说："老师说我们要有耐心，不能想做什么就做什么。"口气完全像个大人。

妈妈发现，日托中心的老师对孩子们说话总是轻言细语，但是坚定有力，老师们教家长这样和孩子说话："你有权做这个，你没权这样做。"这样孩子会建立秩序感。但是对于不能做的事情，一定要向孩子讲明原因。

有一段时间，露西常常在家里扮演"老师"的游戏，她会站在沙发上，摇着手指，向家里人下达命令。

"妈妈，你可以走动了"。

"爸爸，你不能这样做，因为会影响到别人。"

看看，老师教的东西已经深入她小小的内心，露西喜欢那个地方，她可以学到更多的儿歌，和朋友们分享更多的快乐，如果父母们舍不得放手，让孩子学着融入集体生活，孩子又怎么能这么快乐地成长呢？

那么怎样选择一所让自己放心的托儿中心呢？综合相关经验，家长们应从如下方面进行考虑：

首先，注重日托中心的整体环境，干净整洁可以保证孩子的身体健康，良好的师资和护理人员，保证孩子能够得到良好的照顾和培养。

其次，关注孩子对托幼中心的感觉是否快乐。刚刚入托的孩子会有一些不习惯，但是当他们适应了这种环境的时候，就能调节好心情，并迅速融入那个集体。家长们可以询问孩子，一天都学了什么新东西，认识了哪些新朋友，发生了什么有趣的事情。当孩子兴高采烈地用他们还不太完整的话语向你表达的时候，家长们会发现，原来所有的担心都是多余的。

## § 不要总是满足我的要求

可怜天下父母心，每一位家长都想倾其所有满足孩子。可以说，在物质生活越来越丰富的今天，无条件满足孩子的要求，已经是司空见惯了。但是这样到底对孩子好不好？答案一定是否定的。

一位母亲带着孩子参加教育咨询，对专家说："孩子吃的、穿的、玩的，什么都不缺。可是孩子似乎还总是情绪很大。"

专家听了，对这位母亲讲了自己的亲身体验及感想。

专家在一家蛋糕店买了4块奶油蛋糕，看着诱人可口的蛋糕，他的心情好极了。刚开始吃的时候，前几口的感觉很享受，吃完第一块蛋糕时，欲望已经没有那么大了，而剩下的三块蛋糕，明显成了生理和心理上的负担。

可见过度满足会让满足感消失。家长们对待孩子，也恰恰是这样。不能让孩子随心所欲，需要给孩子一些规则界限。什么事情是可以自由去做的，什么事情是要在规则的范围内才能做的，不给孩子"特权"。

一天晚上，托比家来了客人。妈妈为客人冲了一杯咖啡。

这时3岁的托比被咖啡的香味吸引了过来。

托比咽着口水说："妈妈，我也想喝咖啡，就一点！"。

"小孩子不能喝咖啡，尤其是晚上，喝咖啡会让你睡不着觉，不可以。"

听到这句话，托比生气地撅着嘴往地上一坐，"我就要喝咖啡。"

妈妈的语气开始变得严厉："不可以。"

托比开始大声哭闹，他对着妈妈喊："我想喝咖啡！我就想喝咖啡！"

但妈妈并没有被托比的行为打动，依然坚持说："托比，小孩子在睡觉前是不能喝咖啡的，所以你哭闹也没有用，妈妈不会答应你的。"

托比哭着站起来，一边走一边对妈妈说："我讨厌妈妈！"

这时，旁边的客人说："既然孩子想喝咖啡，那就让他喝一点吧，就给他一点。"

妈妈说："不行，不能满足托比的无理要求。这样对他的爱会变成溺爱，对孩子成长会不利，这是家里的规矩，不能让他觉得自己很特殊。"说完，客人赞许地点了点头。

正因为很爱托比，所以妈妈才不会溺爱托比。

几乎所有的美国父母都会把对孩子的爱挂在嘴边，他们常常拥抱和亲吻孩子，对孩子说"我爱你"，可是对于孩子自己的事情，聪明的父母通常会让他们自己去解决，对于孩子提出的要求也不会随便满足。

对于给孩子定下的规矩，就会要孩子严格遵守，这样才能让孩子明白，规矩一旦订立，就不能随便破例。

诚然，很多父母都希望自己的孩子幸福快乐地成长，长大以后能够在社会中占有优势。但是如果总是轻易满足孩子的请求，经常迁就他们，过分关注他们，代替他们做他们自己力所能及的事情，就会让孩子产生误解，以为他们是特殊的，任何人帮助他们、纵容他们都是应该的，这不是父母教育孩子的初衷。

因此，当孩子向家长提出要求时，家长们可以遵循如下两点：

首先，不要对孩子百依百顺。对于孩子的需求要正确权衡与考虑，那些不合理的要求一定不能满足。这样孩子才能明白，不是所有的事情都要以他们为中心的，也不是他们想要什么就能得到什么。

其次，公平对待而没有特殊待遇。很多孩子从小就被全家人宠爱，难免"恃宠而骄"，做家长的要让孩子明白他们没有特权。父母可以宠爱他们，但是不能溺爱孩子。孩子明白了自己和所有的人一样，必须"服从"这个世界的"游戏规则"，在成长的路上，才能多些坚强，日后少一些"烦恼"。

## § 我想要"小大人式"的生活

每个孩子都是独立的个体，他们有自己的主见、喜好和对这个世界的独特见解。家长对孩子最好的教育，就是给他们自由让孩子们过自己的生活。当然这并不代表要把他们丢到野外或者放弃他们，而是让孩子适当地学会独立，这会让他们变得更有韧性，从小懂得自力更生，是孩子成长路上的重要一部分。

著名儿童教育家多尔托在《童年的主要阶段》中写道："家长的误区在于没有认识到孩子真正的需求以及自由，孩子需要知道他正在形成的人格是受人喜欢的，确定自己的地位，每一天都更自由地探索世界，更自由地发展个人经验，以及发展自己和同龄人的社交。"

父母可以陪伴孩子长大，却不能陪孩子一辈子，将来他们总要自己面对这个世界，独自成长。所以家长应该注重孩子的自主性，让孩子过自己的生活。

所以从小培养孩子的独立能力，自己的事情自己做，自己的东西自己管，自己的生活自己安排，逐渐养成习惯。这对增强孩子行动的独立性和计划性，提高孩子的生活能力有着很大的帮助。

露西上幼儿园小班的时候，有一次回家问问妈妈："妈妈你说我是学芭蕾舞呢？还是学画画呢？或者我两个都学可以吗？"

妈妈说："这当然要看你自己的喜好了，但是不管是芭蕾舞还是画画，你只能选择一个。"

露西说："可是我拿不定主意。"

妈妈说："那你要好好想一想了，你自己的事情要自己做主。"

露西低下头，想了一会儿，对妈妈说："那我先去观摩一下好了，看看我到底喜欢哪一个。"

最终露西选择了画画，并且学得非常认真，没有像小猫钓鱼一样半途而废，可见，经过自己抉择与思考之后的选择，孩子们会非常珍惜和重视。

在现实生活中，不论孩子的表现有多糟糕，也不论在大人们看来他一天的所作所为有多少是在浪费生命，不可否认的是孩子的成长都来自于自己摸索的空间，他们要学会主导自己的生活，这些不应该被任何人任意地剥夺。

从小培养孩子的自理能力，让他们像小大人一样生活，建议父母做到以下几点：

第一，不对孩子娇惯和溺爱。父母对孩子的态度直接决定了孩子的自理能力如何。平时的生活中，多让孩子做些自己力所能及的家务事。当然，并不是真的需要孩子去做家务，只是为了培养孩子独立生活的技能和家庭观念。

第二，对于孩子自己能够决定的事情，父母不要"包办"。比如穿哪件衣服，买什么颜色的书包，或者选择何种形式的兴趣班，一定要他们自己完成。年龄小的孩子可能做得不好，但是没关系，关键在于尝试和练习。

第三，对孩子尽量少批评多鼓励。家长可以一边对孩子提出要求一边对他们进行指导，以赞扬和鼓励为主。当孩子独立去完成一件事情时，保持信任的态度，尽量不去干涉或阻止，学会放手，让孩子去自由行动。在这个过程中，多给他们鼓励，要知道，自理能力需要在实践的基础上才能培养起来。

# 天使
## 偶尔也会撒谎

**给家长的备忘录：**

别太指望我的诚实，我很容易因为害怕而撒谎。

卡尔·威特在《卡尔·威特教育在我家》一书中这样写道："一个人拥有诚实守信的品德，是他走向成功的资本。"

诚实守信是做人的重要品德之一。很多家长都有过这样的感触，可以允许孩子犯各种各样的错误，但是绝不能接受孩子说谎。

然而，很多父母都发现过孩子多多少少出现过说谎的情况。

同时，研究显示，2岁时20%的儿童会说谎，3岁时这一数字达到50%，4岁时接近90%，几乎每个孩子都有过说谎的经历。

面对幼儿的说谎行为，家长不必慌张。只要再发现孩子撒谎，要及时让他们明白诚实的重要性和撒谎的严重性。当孩子意识到撒谎是个错误行为，慢慢就会改正。

作为家长，要认真分析孩子撒谎的原因。孩子撒谎的原因有很多，有些是因为无意识，有些是有意模仿生活中家长或者电视里的人物，但更多的是因为害怕受到批评或惩罚而撒谎。

所有爱孩子的父母，首先要做好表率作用，同时给孩子足够的安全感，才能避免孩子因为害怕而撒谎。

## § 首次说了谎，我很不安

从孩子牙牙学语，到可以清晰地用语言来表达思想，家长们要一直对孩子保持时刻的关心和警惕。

有些父母对孩子第一次说谎不以为意，没有充分重视，可是我们都知道撒谎一旦成了习惯，再想去改变会很难，这无疑将成为孩子日后犯更大错误的源泉。

家长不能觉得孩子说些小谎是小事，没什么大不了。大量的幼教实践表明，孩子只有从小养成诚实守信的品德，才能拥有更多的朋友，长大以后才能更受人欢迎，并获得良好的社会关系。

所以，当孩子第一次说谎时，家长决不能掉以轻心，应将其当做一件很严肃的事情。要知道任何事情都是有了第一次，就会有第二次，甚至第三次。

一般情况下，第一次说谎时孩子会感到不安和紧张，即使没有受到家长的责备也会十分担心。但是，如果第一次说谎时没有得到家长的及时教育和纠正，孩子就会觉得撒谎能带来好处，由此就会产生再次说谎的欲望。

在内心里，孩子会觉得家长是"好骗的"，进而认为所有的人都是好骗的，胆子会越来越大，谎话会说得越来越逼真，也会越说越多，最终撒谎成性。

西西是个 5 岁的小姑娘，平日乖巧可爱，很讨人喜欢。

一天晚上，西西和爸爸、妈妈坐在沙发上看电视，小家伙伸出手腕让妈妈看她的小手镯。

妈妈问："手镯是哪来的？"

这个问题一下子让西西紧张起来，她原本是想让爸爸、妈妈夸夸她的手镯很漂亮。西西低着头不说话。

妈妈认识到问题的严重性，立刻严肃起来："妈妈在问你话，回答我。"

西西把头低得更低了，随着妈妈不断地追问，西西小声说："路上捡来的。"

"在什么地方捡的，妈妈怎么没看到？"

西西一下子哭了起来。

其实小孩子第一次说谎是很紧张的，因为他们害怕，所以才说谎，又因为说了谎所以内心更害怕。当他们感觉到自己做错了事，害怕家长的责怪或者惩罚，就会采取说谎的方式。不要以为孩子小就没有自我保护的能力，孩子怕受到伤害，害怕父母声色俱厉的责问，才会隐瞒真相，以逃避惩罚。

爸爸见状，便温和地对西西说："好宝贝，告诉爸爸、妈妈，我们不会责怪你的，但是如果你不让我们知道真相，我们会很伤心。"

爸爸给妈妈使了个眼色，妈妈随后说："对不起西西，刚刚是妈妈太严厉了，告诉妈妈实话好吗？"

爸爸、妈妈一直耐心和温和地等待西西开口。

　　不一会西西用试探性的口吻说："如果我说了你们不会骂我，不会发火吗？"

　　"当然，我们向你保证。"

　　西西小声说："是，是我到露西家玩的时候拿的。"

　　妈妈把西西抱在腿上对她说："那露西知道吗？"

　　西西摇摇头。

　　妈妈说："拿别人的东西是不对的，这样露西以后就不喜欢和你玩了，爸爸、妈妈也不喜欢说谎的孩子。知道吗？"

　　西西点点头。

　　妈妈接着说："那你知道该怎么做了吗？"

　　西西说："我明天一早就去还给露西，并且跟她说对不起。"

　　面对西西的撒谎，家长发现后并没有采取打骂的方式，而是通过引导与教育让孩子明白错误所在。小孩子往往并没有权属的意识，拿别人的东西也不是有意而为，而倘若第一次拿别人的东西没有得到制止，以后就一发不可收拾，想要改正就很难了。

　　每个父母都希望自己的孩子诚实，然而非常讽刺的是，美国的调查数据显示：在美国三分之二的孩子在 3 岁前就学会了说谎， 7 岁时，98% 的孩子都说过谎。

　　当然，对此父母们也不必太过担忧，只要在日常生活中，做到如下两个方面就会有效地纠正自己宝贝说谎的习惯。

　　首先，日常教育无小事，要时刻关注孩子。家长们一定要关注孩子的第一次谎言，及时给与正确的教育和引导。如果发现孩子说谎了，家长必须及时教育，不能觉得说小谎没有影响。要告诉孩子，说谎以后就没人相信他的话。当孩子明白说谎等于孤立自己时，就不会选择说谎了。

　　其次，发现孩子说谎时不要第一时间采取打骂的方式。孩子主要是因为害怕才撒谎，而父母的责备会让孩子更恐惧，以后发生任何事情都会考虑会不会受到责罚，从而为了逃避这种责罚谎言会越说越多。

## § 有时候我并不是真的在"撒谎"

3 岁以前的宝宝根本不懂得什么是谎言。当他们开始学说话时，才发现语言是无所不能的工具，由于年龄的关系，孩子的感受器官发展不协调、不完善，同时缺乏生活经验，对一些事情的反应容易产生误解和偏差。

所以孩子常常说错一些话，家长们不必紧张，因为孩子此时并不是有意撒谎。如果我们断然给孩子打上"撒谎"的标签，不仅不能正确引导孩子，反而会吓到孩子，让他们过早的接触到"谎言"。

当 3 岁的托比打碎了家中的玻璃杯，他会反驳说："不是我打碎的！"

托比的本意并不是说谎，因为他原本只是想拿杯子喝水而不是想要打碎茶杯，小家伙本能的反应是这只杯子很讨厌，自己碎了。在孩子的逻辑思维中，他们认为所有的东西都是有生命的。

3 岁的孩子还不会产生欺骗他人的愿望，仅仅是觉得自己高兴而已。他不承认结果或者"编造"故事的用意是满足自己的愿望或者否定挫折感。这时作为家长要懂得如何去倾听，去分析孩子的心理，之后给予正确的引导。

作为一个小男孩，托比可以说是十足的淘气包，有时也会惹恼爸爸。

有一次全家人一起吃饭，托比因为吃饭无聊开始有点小情绪。突然对妈妈说："刚刚爸爸打我了，你看看我的手，好疼。"说着就一脸的委屈。

爸爸、妈妈忍着笑，爸爸说："托比你冤枉我了，我一直坐在这里，没有碰到你呢。"

妈妈也笑了，说："对呀，妈妈可以作证。可是宝贝，你为什么要说爸爸打你呢？"

这个问题可难住了托比，小家伙一时支支吾吾地答不上来。

之后妈妈对托比说："托比以后要聪明一点哦，不要再记错事情了，否则爸爸要伤心的。"

小孩子的记忆非常不精确，在回忆时容易歪曲事实，他们经常把想象和现实混淆，甚至把想象的东西当作现实中已经发生的事进行描述。

有的小朋友看见爸爸开车，就高兴地告诉小朋友自己也会开车。他并不理解开车的真正含义，只不过想模仿大人开车的样子，为了满足心理需要，他们混淆了想象与现实，这种假话都是无意识的。

还有的孩子在幼儿园里做了错事，老师告诉他说："这样做是不对的，但是只要你改正，就是好孩子。"

宝宝听到"好孩子"这三个字，回家就高兴地跟家长说："老师今天表扬我了，说我是好孩子！"这种情况是由于幼儿缺乏经验而产生的理解性心理错觉。

经验告诉我们，没有犯过错误就不是真实的小孩子。

婴幼儿阶段的孩子大多不具备完整的思维能力和判断能力。即使他说的跟事实并不相符，家长也不能随便斥责孩子说谎，应该耐心了解情况，温柔地对待他们。对于幼儿来说，说谎的原因是多方面的，性质不相同，不能一概而论。需要具体问题具体分析。

首先，当孩子"无意"撒谎的时候，不要恼怒，耐心地跟孩子讲清道理。只有当一个人有惧怕或者希望的时候，才会以想象来代替现实去取得心理的平衡。小孩子的想象力就是这样，既容易与现实混淆，也容易脱离现实。作为家长不必担心，这是正常的现象，不是孩子在说谎，只要大人和孩子讲道理，孩子很快就会改正过来。

其次，当发现孩子对现实的反应出现偏差要及时予以纠正。有些孩子分不清楚颜色，有些孩子区分不出图形的形状，或者认不清家里来的朋友和客人，这时候家长要及时地教导孩子，不能置之不理。

总之，孩子的某些"错误"表现，并不一定是故意在说谎，家长要仔细进行辨别，既不能纵然孩子说谎，也不能冤枉孩子说谎，否则都会影响孩子的健康成长。

## § 有时撒谎，是因为你的态度

2-3 岁的孩子，基本有了初始的是非判断能力。当他们意识到自己做错了事，会本能地感到害怕，他们怕家长不高兴和随之而来的惩罚。为了避免惩罚，偶尔会捏造谎话来掩饰错误。

宝贝们其实很在意别人的"态度"，特别是他们最爱的爸爸、妈妈。当自己犯错时，最怕爸爸、妈妈责备自己。特别是那些曾经有过犯错经历的孩子，他们被父母大声的训斥，甚至体罚，正是家长这样的态度，才导致孩子选择说谎的方式。

所以在面对孩子撒谎的时候，家长应该保持冷静的态度，不要随意就责骂孩子。要帮助孩子分析错误的原因，让他们明白错在哪里，并给孩子反思错误和改正的机会。

对于一些并非原则性的错误，家长也可以表示出谅解和宽容的态度，采用寓教于乐的方式，当孩子改正了错误，应给予及时的肯定。当孩子们不再恐惧，撒谎的概率就大大减少。

托比 4 岁的时候，还会偶尔尿床。

一天早上起床时，床上又湿了一大片。

妈妈问这是怎么回事。

托比狡辩："我才没有尿床，是睡觉时我出汗了。"

妈妈说："托比还小，尿床也是正常的，很多比你还大的小朋友也还尿床呢。"

托比一下子兴奋了："真的吗？妈妈你说的是真的吗？"

"当然，但是妈妈觉得，如果你敢于承认就更棒了。这才说明托比长大了，以后就不会再尿床了。"

托比又问："是真的吗？"

"当然，你晚上睡觉前再少喝一些水就更好了，如果宝贝能为刚才欺骗妈妈道个歉，就更棒了。"

托比难为情地说："对不起妈妈。"

妈妈笑着拍了拍他的头："再有一次妈妈要打你屁股了。"

托比的撒谎并不是道德意义上的谎，只是为了摆脱尴尬而为自己找到的一个小小的理由，这是一个人自我保护的反应。

但是，也不能任这种"谎言"发展下去，家长们可以用一种温和幽默的态度对待孩子所做的错事，不要让孩子因犯错误而产生心理压力，或者产生过多的恐惧与担忧。只有在父母宽容的态度下，孩子才更有可能说出真话。

小孩子在心理和身体各个方面发展都不够成熟，犯错在所难免，有的家长认为孩子好哄，可是一旦"哄"出实话，却又给孩子严厉的惩罚。这样的结果非常糟糕，对孩子的打击和伤害也很大。不仅家长的威信要大打折扣，也难以让孩子培养诚实的品德。反之，如果家长能够心平气和地对待孩子的错误，并且讲明这样做的惩罚方式，让孩子心甘情愿的承担，才是最好的应对方式。

如果不消除孩子的恐惧，一味地认为孩子是在故意撒谎，进而更严厉地批评，反而会让事情更加恶化。

对于孩子的偶然过失，大可不必惩罚，耐心向孩子分析造成过失的原因，帮助孩子处理过失造成的后果，这样孩子才不会因为害怕而说谎。

当孩子有意识地"说谎"时，家长一定要重视。我们所关心的并不是谎言本身，而是谎言背后的含义——孩子说谎的动机。

家长首先要做的不是惩罚和指责，而是安抚孩子的心情，向他们说明道理，使孩子懂得什么是不应该说的谎话。不要对他进行恐吓，内心恐惧的孩子很难对家长说出真话。

其次，鼓励孩子说出自己的真实想法，并尽量满足其合理的愿望。同时要明确地告诉他什么是对的，什么是坚决不允许的，避免让孩子在说谎中得到好处。

孩子偶尔说谎并不可怕，可怕的是永远失去诚实，只有父母端正了自己的态度和行为，以宽广的胸怀原谅孩子的无意过错，才能让他们在说谎后勇于承认错误并改正。

## § 我只是在用谎言吸引你的注意

小婴儿在父母和家人的宠爱下慢慢长大，随着年龄的增长，宝贝们开始有了表现能力并产生表现欲。

到了幼儿时期，孩子的表现欲越来越强烈。

当孩子在幼儿园学会一首新歌，画了第一张水彩画，会搭一种新的积木模型或者学会做一种新游戏的时候，都会高兴地向父母显示，以此获得家长的认可和表扬。

表现欲只要不过头，是一种很好的行为，它能增强宝宝的自我意识和自我价值感，同时调动他们学习的积极性与主动性。

但是在强烈的表现欲驱使下，为了得到父母更多的认可和关注，孩子会不自觉地说出一些不切实际的"大话"，甚至是谎话。

在幼儿园里，经常有一些小朋友因为想要得到老师和家长更多的关心而"撒谎"的现象。

西西是幼儿园中班的孩子，有一次西西跟老师说肚子疼，很痛苦地捂着肚子蹲在地上。老师连忙带她去医务室，经过医生检查并没有太大的问题。

西西拉着老师的衣角，说："我想让妈妈来，让妈妈来接我。"

老师问："肚子还疼吗？"

"如果妈妈来了就不疼了。"

老师终于了明白了事情的缘由。

原来西西装肚子痛，就是为了能引起家长的关注，她只是想妈妈来接她而已。家长因为工作太忙而没有时间陪孩子，忽略了孩子的心情，于是孩子想要达到目的，就会采用说谎和演戏的方式。

老师将西西带回教室，并告诉她一定会给妈妈打电话，但是她用这种说谎的方式欺骗老师是不对的，妈妈知道了也会生气。

西西告诉老师，妈妈已经很久没有带她去公园玩了，每天都很忙，她担心妈妈不爱她了。

老师拥抱了孩子，并且耐心地跟她解释，爸爸、妈妈都很爱宝宝，可是他们有自己的工作，等忙完工作就会陪西西玩了。

之后老师也给她了讲了很多一个人不能欺骗别人、要诚实的故事。大家都喜欢诚实的孩子，说谎是最错误的一种行为，不论出于怎样的原因。

老师的及时教育和引导，让西西认识到了自己的错误，从那以后，西西再也没有为了引起父母注意而撒谎。

在幼儿年龄段，很多孩子在意父母的关注与重视，倘若被父母和家人忽视，往往会采取一些"小伎俩"，"小谎言"来吸引大人们的注意。对此，家长要引起注意。

首先，多和孩子沟通并倾听他们讲话。当孩子怀着某种期待而说谎时，父母应了解孩子的需要；如果能在反思自身的同时注意满足对孩子的关爱，他们自然不用说谎了。有些孩子跟父母接触的机会少，为了争取父母更多的关心，就会采用说谎的方法。家长朋友们平日应加强和孩子沟通互动，多了解孩子的想法，让孩子切身地感受到父母的关爱与重视。

其次，明白孩子说谎的原因之后，父母要耐心地启发孩子承认错误，不能不分原因，只因孩子说谎就进行斥责甚至打骂，这样会伤害孩子的感情。可以向孩子解释不能陪他们的原因，并安排好自己的时间，为亲子时间制定"规则"，这样孩子就不会用"谎言"来博取父母的关注了。


## § 撒谎只是想当"乖宝宝"

家长们有意或无意间总会向孩子灌输这样的思想：怎样做才是乖宝宝。既然大人们都喜欢乖宝宝，宝宝当然希望自己就是个乖宝宝。

乖孩子是从来不会做错事的。因此，宝宝就会想：我是个乖孩子，乖孩子是不能让别人知道自己做错事的。很多孩子太在意别人的眼光，太喜欢大人们的称赞，为了得到所谓"乖宝宝"的称号就会采取撒谎的方式。

一天中午在幼儿园吃饭，老师说："吃得慢的小朋友，请快一点，一会饭凉了吃完会肚子疼。"

西西看见其他小朋友都吃完了饭，还得到了老师奖励的小贴画，于是趁老师和小朋友不注意的时候，她把饭偷偷倒掉了，而这一幕恰好被老师看到。

然而西西若无其事地跑过去跟老师说："老师，我也吃完了。"

老师问："西西，你真的把饭吃完了吗？"她并没有看着老师，只是点了点头，老师说："老师不喜欢说谎的小朋友，诚实的孩子才能得到奖励。"

她又点了点头说："吃完了。"

很多孩子撒谎都是有原因的，有的孩子明明犯了错，却不敢承认错误；有的孩子无意中打碎东西，会装作不知道，或者推托是别人干的；还有的孩子像西西一样，为了得到老师和家长的表扬与认可而撒谎。为了证明自己是个乖宝宝，儿童会借助撒谎来使自己承受外部世界的压力，并满足他们内心的小小欲望。

因此在教育孩子的时候，家长不要盲目地将自己的孩子与别人的孩子进行比较，对孩子提出过高的要求，这样不仅会让孩子丧失自信心，还容易导致孩子撒谎。

家长要根据孩子的实际情况、不同的兴趣和特点施教。只要孩子每天都有进步，能够发挥自己的优势，父母就应该为孩子感到高兴和骄傲。不要让孩子为了取悦父母和老师而去主动说谎。

如果父母不了解情况，让孩子撒谎成功，尝到了甜头，就会强化孩子的说谎行为。所以，实践中家长们必须注意：

一是不能随便给孩子贴标签。不要总是对孩子说那样做是乖孩子，这样做就是坏孩子，同时不要轻易将孩子的说谎行为与品质划等号，某一次谎言并不能给一个人定性，何况是孩子。

二是理性应对孩子的撒谎。如果发现孩子说谎，家长不要立即在公开场合或在其他人面前指责或教训他，可以找个合适的时间单独与孩子进行沟通。有些情况下，孩子是因为想要树立"乖宝宝"的形象，才选择去"取悦"父母或者老师，所以要保护孩子的"虚荣心"，不能一概打击，孩子做错了事，要鼓励孩子做正确的事。如果孩子勇于承认自己的错误，请马上用比较特别的语言表扬他。

## § 你的高期待会让我撒谎

　　家庭是孩子成长最重要的环境，家长的情感态度、个性和价值取向对孩子的影响也是最深远的。儿童发展的重要时期是幼儿时期，在这一时期，孩子的个性和心理品质开始形成，心理学上把这一时期定为人生发展的关键期。

　　当前，虎妈狼爸式的教育方式被很多家长推崇，家长们总是对孩子表现出过高的期待，却不知这样的期待也会造成儿童内心的恐慌和紧张。

　　孩子们害怕自己的表现让家长失望，更怕自己达不到父母的要求就不再是个值得疼爱的好孩子。所以，在发生事情的时候，为了迎合父母的期待，会采用说谎的方式。

　　有项调查曾显示，家长期望孩子能够达到自己预期的占到 95.7%，每位父母都希望孩子能够达到自己的期望，这无形之中加重了孩子的心理负担。

　　家长们是否有这样的经历——当着自己孩子的面夸别的小朋友很优秀，凡事都做得很好，比自己的孩子乖巧；就算有人夸了自己的宝宝，妈妈也要说："你不知道没有人时这孩子有多不听话。"这样一句话孩子就会认为，在妈妈眼里，自己什么都不好。

　　一天放学，露西将幼儿园里老师教她们剪的小红花，偷偷地塞进了自己的口袋。

　　回家后她告诉妈妈："今天我的表现很好，老师奖励了我一朵小红花。"

　　妈妈说："露西真是个好孩子。"

　　露西高兴极了。

　　还有的宝宝是这样的，和同龄的小朋友一起玩，打碎了花瓶或者闯了祸，他们会推说是别人弄坏的；有一些多子女家庭的孩子，为了得到父母更多的认可，也会把责任推给对方，以此来证明自己是个"好孩子"。

其实孩子们并不是真的喜欢说谎，只是有时候他们太希望得到父母的认可，希望自己能够达到家长的期望而获得表扬。

有些家长对孩子要求特别高，孩子如果表现得好家长就很高兴，同时满足孩子的一切要求，如果孩子没有达到期望就会受到训斥。长此以往，宝宝们会为了取悦父母而说谎。

如果父母没有注意到自己的高期待已经给孩子造成了压力，一旦孩子通过撒谎的方式达到父母的"高期待"，同样也会强化孩子的说谎行为。

所以，家长朋友应注意如下两个方面：

首先，家长要检查自己对孩子的期望是否合理。孩子会说谎，是否是因为自己对孩子的要求或期望不合理。适当的期望可以成为孩子进步的动力，但是过高的期望就会形成心理压力，导致孩子不良行为的发生。

其次，父母应该给予孩子无条件的爱。如果孩子感受到父母无条件地爱他们，并且充分地尊重他们，孩子就会减少心理压力；同时家长应该教导孩子不必一味迎合和取悦别人，不要太在意别人的眼光，这样孩子就不会再用说谎的手段去证明自己，从而健康快乐地成长。

## § 我不撒谎，你也不要

孩子的模仿能力很强，特别是幼小的儿童。

在日常生活中，父母或者电视中出现的一句漫不经心的谎话，都可能被宝宝模仿。如果父母经常当着孩子的面说些小谎话，孩子在以后遇到类似的情况就会模仿父母，学会说谎。

还有一种情况，有时家长不经意说的话可能由于各种原因未能兑现，比如：有些家长向孩子承诺星期天要去游乐场玩，但由于一些特殊原因没有实现，父母又没有和孩子解释，孩子就会觉得大人是在说谎，那自己以后也会这样做。

家长以身作则的榜样作用非常重要。不能以为孩子还小，就经常向孩子开"空头支票"，有些事情宝宝们不会轻易忘记，而且无形之中对父母的信赖也会大打折扣。做"说一不二"的家长，更容易在孩子心中树立威信。

每个孩子的心里都有个"榜样"，这个"榜样"最初就是自己的父母。榜样的力量是强大的，所以每一个做父母的都要给孩子树立一个好的榜样。

托比4岁的时候，和几个小朋友一起玩耍，在邻居家的墙上画了很多"水彩画"，把邻居家的墙壁弄得乱七八糟。看到邻居走出来，几个小家伙一哄而散。

回到家后，托比坐立不安，他担心邻居会跑来和父母告状。

吃饭的时候，托比一直向外张望着，也没有太多心情吃饭。妈妈看到托比的异常反应，大概猜到了什么。

吃过晚饭，妈妈把托比叫到一边，温柔地问他是不是发生了什么事情，在妈妈的循循善诱下，托比终于告诉了妈妈实情和他内心的恐惧和担忧。

妈妈知道，托比原本就是个淘气的孩子，他犯了错内心不安也证明他是个好孩子，他知道什么是对错。所以妈妈并没有责怪托比，而是问他："那你觉得这件事应该怎么办呢？"

"我……我想去和邻居太太道歉，但是，我害怕她会骂我。"

"托比，做错了事就要敢于承担，何况宝贝你是个男子汉呢，如果你不去道歉，只能说明你不是个诚实的孩子。"

托比说："可是我害怕。"

妈妈想了一会，牵着托比来到邻居家，很诚恳地代替托比向邻居道歉。邻居太太笑着说："托比自己做错了事还要妈妈替你道歉呀？我更希望托比像个男子汉，自己跟我说对不起呢。"

托比看着妈妈鼓励的眼神，终于鼓起勇气承认了自己的错误。

可想而知，母亲的教育对孩子的影响有多大，倘若妈妈非但不以身作则，亲自领着托比上门道歉，起到示范的作用，甚至还说："别人问起来你千万不能说是你弄脏的，否则我们还要负责给人家清洗干净。"孩子按照母亲的话做了，孩子就会得出结论，错误是不必承认的，妈妈都是这样认为的。

父母承担着孩子启蒙教育的责任，在孩子年幼时，父母的一言一行都对他们产生着重要影响，家长怎么做，孩子就会怎么做。

所以，家长们理当时刻提醒自己：

　　首先，要做孩子的好榜样。孩子总是喜欢学着父母的样子去说话和做事，如果父母经常说谎、不守信用，孩子长大后也容易变成那样的人。所以，家长们要做到在孩子面前不说谎，更不能教孩子说谎。

　　其次，做信守承诺的家长。不要轻易答应孩子的请求，一旦许下承诺就要努力做到，如果父母总是轻易许诺，却又很少做到，长此以往孩子就会认为父母说话不算数，经常说谎骗人，也会认为自己对别人的承诺也不一定要做到。记住，父母是孩子最好的老师，如果老师都说谎，怎么能让宝贝们学会诚实呢？

# 我有小病痛
# 别紧张

**给家长的备忘录:**

别太在意我的小病痛。有时,我只是想得到
你的关注而已。

每个家长都希望自己的孩子平安、健康的长大，但因为孩子的免疫系统还不够成熟，总是难免生些小病，这是让很多家长又心疼又难过的事情。

所以如何以恰当的方式对待对生病的孩子，是每个家长都十分关注的话题。

为了孩子，父母平时需要多掌握一些医药保健方面的常识，了解孩子的身体状况。一些日常的小病痛，只要保证适当休息、摄入足够的营养，给予少量的药物，基本上都能够不治而愈，不用过于担心。

心理学家指出，孩子在生病期间整个人都会感到不舒服，此时医生或护士的出现，更会给孩子带来恐惧感。当婴幼儿被疾病侵袭时，如果家长表现得特别担心，也会吓到孩子。因此，家长们应该保持冷静，和孩子一起勇敢面对，这样孩子才会感到安全，同时也变得更坚强。

同时，有些家长平时工作繁忙，疏于对孩子的关注，因此孩子就会认为"只要自己生病了"爸爸、妈妈就可以陪在身边的想法，无形之中也会增加孩子生病的机率。

因此，父母应该多关注宝宝们，生活上、心理上都要给他们更多的照顾，对孩子身体不舒服时的各种表现要充分了解，帮助孩子应付疾病对身体产生的影响，纠正他们对疾病产生的曲解。

## § 我不想在发烧时乱吃药

宝宝们由于年龄小，免疫力低下，有些抵抗能力不高的孩子经常会生病，这常常急坏了年轻的父母。

身体不舒服的宝宝们会表现出不适、无精打采、疲惫、睡觉不安、食欲下降，甚至哭闹和发脾气，特别是年龄小的孩子，更容易多动、大哭，或者伴随其他症状。这首先与他们机体的生理、免疫系统发育不成熟有关，还有就是婴幼儿对外界环境适应和抵抗能力较差的表现。

哪怕孩子有一点小病痛，家长都会十分重视，但是面对孩子的疾病，家长却不一定能正确对待，往往过于着急或者紧张，这样不仅对孩子的病没有帮助，反而会加重孩子的情绪负担，不利于康复。

孩子需要在父母的保护与照顾下才能健康成长。一方面，父母应该让孩子知道，父母不是万能的，不能代替孩子去做所有的事情，包括无法帮助他们承担疾病。另一方面，家长可以给孩子更多的鼓励和信心，帮助孩子一天天地学会更好地照顾自己，学会面对疾病和痛苦。

只有这样，才能够培养孩子在病痛面前充满面对的勇气，从而增强孩子长大后面对困难的信心。

露西从小就是个体弱多病的孩子，尽管妈妈对她的饮食起居都格外小心，小家伙还是经常感冒、发烧、咳嗽。

可是爸爸、妈妈似乎从来不会因为露西生病而手忙脚乱。

一次，露西因为发烧小脸红彤彤的，外婆害怕孩子会烧坏，就要给孩子吃药，但被露西的妈妈及时制止了。

大家都知道，在美国是严禁使用抗生素的，特别是小孩子生病发烧，一般医生不会建议吃药或打针。

因为发烧可以抑制细菌、病毒的生长和繁殖，是人体的一种积极防御反应，也是外来病菌和免疫细胞抗争的过程，同时发烧还可以促进人体的新陈代谢。

如果发烧的温度不是太高，体内的抗体和白血球会增多，吞噬作用增强，同时大大提高肝脏的解毒能力，升高的体温对病原微生物的生存也不利。

同时，许多重要疾病引起的发烧还有自己的特殊"热型"，通过对"热型"的识别，可帮助家长做出正确诊断。

如果孩子身体机能反应比较激烈，发烧就会比较厉害；相反，发烧的温度就不会太高。

有的孩子平时身体特别好，很少生病，但是一旦发烧就很严重；有的孩子营养不良、身体瘦弱，身体素质很差，那么对制热源的反应也就很差，即使生的病很严重，也基本不会发烧。所以，发烧只是一个症状，而不能用来衡量病的轻重。

当孩子真的发烧生病，家长们特别是年轻的家长也不要太过紧张，要给孩子一个轻松的氛围，让孩子们明白一些小病痛是正常的，不用害怕或恐惧。

在实践过程中，家长们具体可从如下两个方面着手：

首先，主动给孩子输入精神信心。生病的孩子，一般心情也会比较低落，因为宝宝们不明白为什么会觉得不舒服，为什么感觉疼痛，如果此时父母能够及时对孩子说明情况，并告知孩子，只要听从医生和爸爸、妈妈的话，身体很快就会康复，则能够从精神上给予孩子很大支持，并有利于病情恢复。孩子对生活方面的信心，很大程度上来源于对父母的信任感。

其次，家长不要擅自给孩子用药，要及时就医。绝大多数的家长并不是医生，且生活经验也不能代替医学知识，面对生病的孩子，家长们应时刻提醒自己不可代医而为。同时，还要及时开导孩子，让他们意识到疾病并不可怕。

## § 红疹回家，我又漂亮了

孩子都是极其敏感的，即便在很小的时候，也能够感知父母的态度，哪怕家长们并没有明显地表露出来。因此，当宝贝生病的时候，父母除了在生活上多关心照顾他们，还要尽量保持自己乐观和冷静的心态。

当孩子生病后，很多父母认为是自己没有照顾好宝宝，才直接导致了宝贝的疾病，会很自责。

实际上，没有哪个家长希望宝贝生病，况且，即便确实有父母自身的原因，自责也无济于事。相反，过分担忧和不快会导致自己更加心烦意乱，而且将这些不良情绪传递给宝宝，也会让孩子恐慌甚至对父母产生不信任感。

3岁以内的孩子由于抵抗力差，处于疾病多发期，生病很正常。即便家长们对儿科的疾病了解不是很多，但要相信现在的医疗机构也足以轻松地应付各类常见的婴幼儿疾病。

因此，家长需要做的就是尽可能冷静地面对生病的宝宝，不要慌乱。

家长沉着冷静的态度不仅会减轻自身的焦虑，同时对孩子们更好地应对疾病非常有益。

父母沉着冷静保持乐观，孩子就不会把生病本身扩大化而感到恐慌，生病带给小家伙的压力就会得到缓解。

相反，如果父母总是惊慌失措，宝宝也会更加恐慌不已，他们会通过父母的反应来判定一件事情的严重程度。

有一次露西得了湿疹，看着自己身上一片一片的红疙瘩，小宝贝吓坏了。

爸爸、妈妈也很担心，但是还是安慰露西："小红疹和你一样很淘气呢，我们去医院找医生叔叔把它们领回家好不好？"

露西说："可以吗？它们会听话吗？"

妈妈说："当然了，只要你不去碰它们，它们自己觉得没意思，就会消失了。"

湿疹对小孩子来说也是比较常见的一种疾病，家长们大可不比紧张，孩子由于不懂会产生恐惧，这时爸爸和妈妈一定要尽量平复心情，安抚好宝宝，别让孩子产生恐惧的心理。

看过医生后回到家，露西的爸爸、妈妈开始陪孩子做起了游戏，给孩子讲故事，尽量分散孩子的注意力。

露西紧张、害怕的情绪减少了，也没有时间抓挠自己的皮肤，再加上配合用药，湿疹的症状很快就减轻了。

一天早上，露西高兴地照着镜子跑到爸爸、妈妈面前说："爸爸，你看，小红疹回家去了，我又变漂亮啦。"

孩子生病的时候，做家长的不妨模仿一下露西的父母，以一种快乐和平和的心态引导孩子，不将疾病严重化，以积极心态影响孩子的情绪。

首先，帮助生病的孩子缓解心理压力。父母可以给他一个比较容易理解的解释，让孩子明白生病的原因，并且告诉孩子医生和父母可以帮助他们很快康复。即使是很小的孩子，这种解释和安慰也能为他提供帮助，帮助孩子战胜恐慌。

其次，正确和宝宝解释生病的原因。两三岁的孩子想象力丰富，很容易对他自己所患的疾病做出错误的解释。有的孩子认为生病不舒服是对他们错误行为的惩罚。有一次露西不小心打碎了杯子，凑巧她第二天就发烧了，她跟妈妈说，一定是因为打碎了的杯子对她的惩罚才让她生病。因此父母不要将疾病与孩子的某些行为联系起来，即便开玩笑也要避免，因为这么小的孩子理解不了父母玩笑背后的真正含义，反而还会给他们的心理造成不必要的恐慌。

再次，对于孩子的小病痛不宜过度关注。孩子病好后，还可以和孩子经常谈论生病的经历，交流生病的感受，这些都可以让孩子更加珍惜生命，热爱生活，以后再生病时，也会尽量保持愉快的心情。

## § 其实我比你想象的勇敢

很多年轻的父母带孩子完全没有经验，看到孩子感冒咳嗽就立即送去医院，通常都是孩子没事，父母先害怕了。其实孩子的小病痛并不要紧，反而家长内心的恐惧问题更大。

尤其是新手妈妈，对宝宝的一切表现都太过在意。一声咳嗽，一次呛奶，都可能难受一阵子，有的妈妈甚至觉得很心疼，不断哭泣。

其实我们应该做一个理性有常识的父母，这样孩子也将终生有益。

在医院里曾看到过一位中国妈妈，抱着七八个月大的婴儿，跟医生说孩子昨晚咳嗽了。即便孩子看上去面目红润，精神很好，一点不像生病的样子。

医生说没有太大的问题，回去让孩子好好休息，注意饮食。但是妈妈执意要给孩子吃药或者输液，医生严厉地拒绝了。

对于抗生素的使用在美国是有严厉限制的，输液也被看成是"小手术"，这样的治疗对孩子并没有好处，反而会让孩子的抵抗力下降。

一般来说，如果孩子精神很好，就不必太过担心，多喝水、好好休息，一些感冒发烧的小毛病基本不会有事。虽然病程会稍微长一点，孩子会多难受一两天，但都是可以不治而愈的。

家长们不要过于紧张，其实孩子比我们想象得更加勇敢。

托比两周岁的时候，在一个月的时间里，发了四次烧。

经过医生检查，发现只是因为白细胞数量不高，基本不用给孩子吃药，因为吃药也没有用，从西医的角度来讲，这是一种病毒感染，病毒感染是没有特效药的，直到 7 天后自身产生抗体，病就慢慢好了，有经验的医生一般会告诉妈妈，多给孩子喝水，不用吃什么药。

于是妈妈几乎整晚不睡，给托比量体温，用温水擦浴托比的小身体。

一天半夜，托比疲惫地睁开眼睛，小手握住妈妈的手，小宝贝竟然没有哭闹。

妈妈说："宝贝真棒，等你病好了，就可以跟小朋友们出去玩了。"

托比说："那我可以带上我的玩具枪出门吗？"

"当然可以。"

小托比一下子就激动起来，全然没有因为发烧难受而低落的状态。

外婆总是说，托比这孩子什么都不怕，从小就是个小男子汉。其实这何尝不是妈妈培养的结果。如果家长从来不因为孩子的小病痛"大惊小怪"，告诉孩子勇敢坚强，实际上孩子可以变得更勇敢。

托比从小不害怕吃药和打针，只要告诉他为什么要这样做，他就能信任医生。他认为这是"男子汉"应该做到的，每次医生都说，没见过这么勇敢的小孩。

可见，日常生活中，当家长们面对孩子的小病痛，在照顾好孩子的同时，更应该借此机会引导孩子学会勇敢。那些可以保护、爱护孩子的家长固然可取，但懂得输入孩子坚韧的勇气、让孩子树立起信念翅膀的家长，才是真正勇敢和伟大的。

家长们具体该怎么做呢？

首先，家长们要做一个勇敢、有理性、有常识的人。很多小病完全可以自愈，要让宝宝充分发挥自身的抗病能力恢复健康，这也是最基本的方法。任何家长都不希望看到孩子生病，但是同时家长们也要知道，日常的小病会提高孩子身体的免疫力和抵抗力。

其次，别用善意的谎言鼓励孩子。当孩子不得已要到医院扎针的时候，做家长的最好不要欺骗孩子说："宝贝，不会疼的，忍耐一下。"打针是会疼的，当孩子信任家长以后，发现受到欺骗，以后会更加惧怕。

再次，正确引导孩子体验勇敢。当孩子病中需要治疗时，家长们可以这样说："扎针后可能会疼一阵子，比较难受，但是谁也不能代替你疼痛，所以，你要有思想上的准备。"或者告诉孩子哭泣和叫苦都不能减轻痛苦，可能还会加剧难受的程度。如此明确的告知，会给孩子"痛苦"是无法避免的思想准备，实际上就是在教孩子坚强勇敢是坦然面对痛苦的唯一方法。

## § 你是我病中最好的医生

孩子生病的时候，精神状态往往不好，随之食欲也会受到影响。这时候会急坏了父母，千方百计想要孩子多吃一点，以为这样身体才能好起来。

其实孩子和大人一样，在生病的时候都会没有食欲。年龄小的孩子往往对食物会挑剔，生病的孩子就更严重了。此时，如果父母采取强制的手段，千方百计地在孩子拒绝的情况还哄他吃，很容易降低孩子的食欲，甚至导致他们呕吐或以后厌食。

家长逼迫孩子吃东西，难免会让孩子产生抵触心理，不利于孩子的康复。所以，家长要用温和的方式与孩子沟通，询问他们更想吃什么。

在家中，孩子通常是"重点保护对象"，尤其是生病的孩子，家长总是想尽办法让他多吃，害怕孩子营养不充足，可是身体不舒服的孩子，总是没有食欲的。

当孩子发烧的时候，父母应该尽量准备一些清淡的食物，让孩子多喝水，多吃水果，同时不用逼迫的手段和方式，而是温柔地告诉孩子，只有多吃东西，身体才能好起来，才可以不用去医院打针或者吃药。

平时在日常生活中，孩子的食谱应该丰富多彩。家长要全面、均衡的安排好宝宝的饮食，做孩子最好的营养师。要知道很多抵抗力差的孩子，大多是由于饮食不均衡，甚至挑食造成的。

所以家长们不能让孩子养成挑食的习惯，这需要从小积极教育和引导。

很多孩子都会挑食，如果这个习惯已然养成，就需要家长帮助孩子去改正了。长期存在饮食不当，无疑会影响孩子的身体健康。日常生活长父母要调节好孩子的饮食，在孩子生病的时候，饮食情况更要格外关注。

孩子生病时，家长应根据不同情况，调整好的孩子的饮食，如果孩子不想吃，不要强迫，等他们饿了就自然会吃。

在此，家长要注意以下问题：

首先，尽量不要把食物作为一种奖赏，更不要用哄骗的方式，如果孩子因为身体原因不想吃东西，这样做反而会产生不良效果。

其次，调解好孩子的心情，不要以为只有大人更在意情绪，情绪对小宝宝们的影响也很大，给宝宝讲一些开心的故事，多跟宝宝进行沟通，他们心情愉悦了，自然更愿意吃东西了。

第七辑

# 你的惩罚
# 应多些艺术

**给家长的备忘录:**

别害怕对我保持公正的态度,这样反倒让我
有安全感。

我们常说："没有规矩不成方圆。"

当孩子犯了错误，自然需要父母的惩罚和教育。

在父母培养、教育孩子的过程中，惩罚是常用的手段之一。但惩罚也要使用科学方式，否则惩罚不当，不仅不能规范宝宝的行为，还可能产生相反的效果。

没有批评与惩罚的教育是不完整的教育。

在宝宝成长过过程中，需要及时表扬，更需要及时批评，

有位教育专家，经过多年的研究得出这样一个结论：在孩子成长的过程中，表扬教育应占 70%，批评教育应占 30%。

如果在实际生活中，这个比例失衡，对孩子成长十分不利。

由此，我们也从中看到了批评与惩罚的重要性和必要性。

在惩罚孩子的时候，父母的态度要坚决，信号要明确，否则想教给孩子的东西很难起到作用。

公正的惩罚不仅对孩子的成长起着约束作用，更能让孩子得到安全感。


## § 我是孩子，所以会犯错

在教育孩子的过程中，年轻的父母总是会遇到很多这样、那样的问题，我们提倡给孩子自由，希望孩子成长在一个宽松、愉悦的环境中，但是这种思想到了家长那里，往往就会演变成放任自流，使孩子完全凭借自己的"任性"在生活。

试想一下，倘若一个孩子从出生开始，就始终任性、我行我素，再加上家长的溺爱和无限包容，等到长大再去引导和纠正，就已经太晚了。

每个家长都希望自己的孩子是最好的，最聪明的，甚至在宝宝刚刚出生就开始想象宝宝无限美好的未来，可是年轻的父母们，想美梦成真，就要在孩子

很小的时候便对他们负起责任。

家长们要记住这样的原则：拥有良好的精神面貌是父母教育孩子的关键，怎样做才能让孩子们感到更加快乐、更有好奇心、渴望做得更好，是家长们需要针对自己的孩子动些脑筋的事情。

然而，在这个过程中，眼泪也是不可避免的存在。

生活中那些有价值的教训都是在付出痛苦和眼泪之后才学到的，家长们要有这样的心理准备。也许某一天我们心中完美的小宝贝做了一些让我们不愉快的事情，那么我们首先要想的不是怎样惩罚孩子，而是反思自己，是否过于忽视对他们的品德教育。如果我们平日里已经将对善良的推崇和对邪恶的厌恶灌输到孩子的思想中，这些恶行就不会发生。

当然，如果这些事情已经发生了，父母们也大可不必觉得沮丧。天底下没有不会犯错的孩子，也没有教不好的孩子，只要家长有足够的耐心和智慧。

儿童身上经常出现的一些问题包括：撒谎、欺骗，甚至偷窃。当发现孩子有这方面的倾向或者行为时，家长一定不能包容和纵容，否则，就是害了孩子。

可以说，对于教育孩子，最重要的一条就是让他们从小学会诚实，这是一个人一生最重要的品德。

托比4岁的时候，爸爸明确多次告诉他：不能在房间里踢皮球，但是他还是踢了，并且不小心打碎了花瓶。

爸爸："不是跟你说过了吗，不能在房间里踢皮球。"

托比："是的，爸爸。"

爸爸："但是你还是没有听话，而且打碎了花瓶。"

托比低着头小声说："是的，对不起。"

爸爸："你不听爸爸的话，现在想想，该怎么做？"

托比："我以后再也不在房间里踢球了。"

爸爸："你确定吗？"

托比："我发誓，我会做到的。"

爸爸："好吧，那你现在犯了错误，还打碎了花瓶，该怎么做呢？"

托比："我一个星期都不踢皮球了，而且，让妈妈用我储蓄罐里的钱再买一个花瓶。"

"然后呢？"爸爸接着问。

"跟妈妈说出实情，告诉她我很抱歉。"

托比从小就被告知什么是正确的或者合适的，什么是公正的，他知道做错任何事情都要受到惩罚，他会心甘情愿地接受并且不会感到委屈。

小托比的经历告诉家长们，生活中可以这样运用惩罚教育：

首先，给孩子树立是非观念，特别是诚实的观念。告诉他们，在犯错之后不要推卸责任或者采用说谎的方式，让孩子知道做错事要接受惩罚并付出代价。家长要及时纠正孩子错误，并让孩子经受由此带来的麻烦和考验，这样才可以不断修正他们的行为，加深对他们的思想教育，同时防止类似错误再次发生。

其次，在孩子犯错之后，家长应保持情绪的稳定。不要大呼小叫，让孩子以为惩罚是因为父母心情不好而迁怒于他。如果家长那样做，不仅不会让孩子感到公正，反而会使他们觉得委屈。

最后，对孩子的惩罚坚决执行。家长们不要因为孩子的眼泪或反抗而停止惩罚，如果那样，或者惩罚被打折扣，孩子就会变得更加不服管教。只要惩罚是公正的，家长们就应该严格去执行。

## § 用爱把你的威信传给我

家长最应该让孩子感受到的，除了爱便是威信。只有父母在孩子心中树立了威信，才能更好地教育孩子，如果孩子不能学会服从，一切教育都无从谈起。

生活实践告诉我们：家长的打骂"打"不出威信，单纯的疼爱也"疼"不出威信，反复的说教更"说"不出威信。那么，面对孩子时，家长的威信到底应该怎么树立起来呢？

如果用一句话概括，那就是：家长的威信来自于言传身教，来自于对孩子爱的帮助，来自于自己的公正和说一不二。

大量的案例调查表明，父母的威信程度越高，教育孩子时的影响力也就越大。因此，家庭教育的有效性与成功的关键，很大程度在于家长在孩子心目中的真实地位。

作为幼年时期的孩子，他们缺乏辨别是非和善恶的能力。依赖家长、依恋父母是他们在生活中的第一习惯，家长们在他们心目中的权威性和影响力自然至高无尚。因此，家长不能摆出"尊者"的架子去压制孩子，而应该以平等的态度对待孩子，以此为孩子创造一个公平、和谐的家庭氛围。

幼年时期的孩子自我控制能力差，犯错也就在所难免。此时，家长应该避免盲目的责怪，充分运用智慧，循循善诱，使孩子心悦诚服地接受父母的说教和惩罚。同时，要注意保护孩子的求知欲和好奇心，协助他们科学成长。

露西两岁时已经开始练习自己穿衣服，可是一段时间以后，自己穿衣服的新鲜劲过去了，于是她总会想办法偷懒。

一天洗完澡，衣服穿了一半，对妈妈说："你帮我穿衣服吧。"妈妈非常高兴地说："可以，但是为了公平起见，帮你穿衣服是有条件的。"

"这样好了，帮你穿一件衣服，就要让我打一下你的小屁股，妈妈很喜欢手打在你身上的感觉呢"。

露西考虑了一下同意这样交换。

于是妈妈帮她穿了两只袜子，当然，她的小屁股挨了两巴掌。

妈妈至今记得那两巴掌打得有点手发痛。

得到"巴掌"的露西的脸色非常尴尬，想哭又不好意思。而妈妈则表现得非常陶醉，还在说打她的感觉非常舒服，说不定会让人上瘾呢。同时哀求露西，以后多给妈妈一些这样的机会。

第二天，妈妈主动要求帮她穿衣服时，露西立即拒绝了，从此再也没有给妈妈这样的机会。

可见，当孩子知道做任何事情都要公平地付出代价，他们就会像大人一样去衡量，到底要不要这样做。

具体到实践之中，想要在孩子心中树立起威信的家长们，需要先从如下两个方面把握着手：

第一，让孩子明确体验到做任何事情都是要付出代价的。也就是说，家长不要无条件地答应孩子所有要求，要让他们体验到自己并不是"特殊群体"，他们和爸爸、妈妈一样处于平等位置。

第二，家长们要以身作则，给孩子树立正面形象。生活中，家长们时常会接受到孩子对自己缺点或错误提出的批评，作为家长的要能够虚心接受，并认真改正，甚至接受孩子的惩罚。如此之后，父母的谅解和大度，会无形中让孩子更懂得了公正的好处。

## § 我不喜欢"坏孩子"的标签

爸爸、妈妈的教养任务，并不是将孩子打造成完美的木偶，更何况这个世界上并没有完美的不犯错的孩子，当孩子犯错的时候，才更凸显父母的教养责任。

不论孩子在成长的道路上犯了怎样的错误，家长或者老师都不能给孩子贴上"坏孩子"的标签，因为这样，会伤害孩子的自尊心，甚至让孩子养成无所谓的习惯，反正自己已经是个坏孩子，索性就更不愿意听从家长的话，更不愿去改正错误了。

弗拉从小就是个淘气的小男孩。6岁上一年级的时候，他曾经接受过三次惩罚。

第一次是在文艺彩排的时候，老师和同学们在进行排练，他故意学猫叫捣乱，老师惩罚他不许参加文艺节目。

第二次是上课给老师捣乱，影响其他同学学习，老师将他一个人安排在第一桌，以免他再影响课堂秩序。

第三次惩罚是这个小家伙将篝火晚会准备的干树枝点着了。

不难发现，弗拉最后犯的错误很严重，那么老师又是怎么惩罚他的呢？

这一次，老师不但没有立即惩罚弗拉，反而给了他一个改正错误的机会：让他到前方的农站再拿回一些干树枝，同时带领其他小朋友一起去帮他。

就在这个过程里，弗拉慢慢地融入到了集体之中，他旺盛的精力被引导到干好事上来了。

但是老师却没有因为他的良好表现而放弃对他错误的惩罚。

一个月后老师公布了对弗拉的惩罚决定：一星期之内不得参加学校的任何活动。

短暂的离开，让弗拉深感难受，这和从前讨厌去学校的他可大不一样，他已经开始想念他的集体和朋友们了。

可以看出，第三次惩罚是对弗拉真正起作用的，这是为什么呢？

前两次惩罚更符合教育惩罚的一般性原则：惩罚要及时。但是第三次惩罚是在延缓时间的同时，将惩罚与说理相结合，帮他赢得了集体的友情，并且让孩子觉得公正合理，更易于接受。

当然，世界上并没有绝对的坏孩子，孩子所干的坏事情不论有多么严重，只要不是蓄意的，都不应该给予太过严厉的惩罚，但是必须让孩子意识到，做错了事，就要付出代价，这是对他的公平，也是对别人的公正。

大量的实践理论已经表明，日常生活中的孩子总会出现各种各样的小问题，尖刻的指责和过激的言语对孩子没有任何帮助。家长们要想得到良好的教育效果，如下原则需要坚守：

首先，不要放纵孩子的错误行为，但同时要给孩子改正错误的机会。如果孩子的行为伤害了他人或具有破坏性，家长一定要及时解决问题。与其发表长篇大论去指责或教训孩子，不如简单而直接地告诉孩子，他的行为为什么不被允许。之后给他一个弥补过错机会，并让孩子感觉到公正。

其次，不能一味地惩罚孩子。家长要发现孩子的优点，不能总是惩罚孩子，在孩子意识到错误的时候，要及时表扬，帮助他们改正错误，不能总是用"坏孩子"的眼光去看待孩子，要肯定他们的价值，让他们自己觉得自己可以是个好孩子，一旦被贴上"坏孩子"的标签，孩子也会很难"振作"起来。

## § 惩罚前，请告诉我原因

一个人之所以犯错误，在通常情况下都是由于无知。倘若知道那样做是错的，相信人也就不会去犯错了。所以，犯了错的人只要明白了原因，在受到惩罚时也会觉得理所应当，不会产生抵触情绪。

对于幼小的孩子来说，这样的道理同样适用。

因此，在孩子的成长过程中，家长应该对孩子的行为有明确的要求，制定一些简单、明确、易懂的规则，做到尽可能地预防在前。

规则可以让孩子明白自己的行为不能随心所欲，而应该受到一定的约束。

既然如此，在制定惩罚的规则之前，家长应和孩子进行耐心的交谈，让孩子清楚地知道自己可以做什么、不可以做什么、怎样做，并且需要达到什么程度或标准。

这样，孩子才可以充分了解惩罚的标准，不会在受到惩罚时还不知道自己错在哪里；同时，这样做，孩子能够知道惩罚他是应该的、是公正的，而且目的并非是惩罚他，而是为了让他改正错误。

同时，给孩子立下规矩，教会孩子懂得规则，对孩子来说也是必要的。规则能带来公正，同时带来安全。

有次妈妈带托比上街去玩，他想早点回家看动画片，于是过马路的时候一个劲地往前冲，不注意看红绿灯。妈妈非常生气，决定趁此机会给孩子一次惩罚，让他明白遵守交通规则的重要性。

于是妈妈牵住托比，让他等在路口，告诉他，不遵守交通规则是非常危险的，如果被来往的车辆撞到很可能就要死。然后妈妈问托比："你知道了吗？"

托比点点头。

妈妈继续说："为了惩罚你这次没有好好遵守交通规则，今天晚上回去不准看电视，你能做到吗？"

托比虽然很不情愿，但是因为妈妈把惩罚的理由说得那么充分，他也不能再反抗，只好接受了。

实践中，家长们在进行规则教育时，应注意如下方面：

首先，规则要简单易懂，好让孩子容易遵守。孩子的理解能力还没有发育成熟，自我控制能力也相对较差，如果规矩复杂艰难，会让孩子犯糊涂。同时，在教给孩子规则时，家长要多些耐心，不能因为讲了多次，孩子还是不懂就发脾气。

其次，用规则讲清惩罚孩子的原因。这一点不容忽视，也只有这样，才能让孩子心悦诚服，否则孩子会认为自己受到了不公正的待遇。讲明原因，让孩子甘心接受惩罚，这样的惩罚效果会更好，同时可以防止孩子下次再犯相同的错误。倘若孩子不理解他为什么会受罚，即便表面顺从，下次还是会犯相同的错误，而如果不能在第一次惩罚的时候产生效果，之后再用相同的方法也同样不起作用，这样惩罚就失去了意义。

最后，家长要经常和孩子进行沟通。惩罚孩子的目的是为了不再惩罚，只有做到经常与孩子进行沟通，才能更了解孩子，让孩子明白惩罚的目的。最终让孩子知道一件事情是否可以做，或者怎样做才能避免不必要的犯错。

当然，有一点需要重复：家长要注意惩罚的程度应符合孩子自身的情况，太轻当然无效，过严则会抑制孩子。所谓的过犹不及，也是这个道理。

## § 请不要在怒吼时惩罚我

父母是孩子最早接触，也是最多接触的人，孩子需要在父母的影响下建立起自己对生活的看法，每一个孩子都非常重视父母的态度。

在成长过程中，孩子的行为大多受父母的影响。孩子待人接物的方式、行为习惯和特点都以父母为"榜样"。因此在教育孩子的时候，家长们要注意自己的态度不能偏激，即便是孩子做错事，家长也要多心平气和地给孩子讲道理，帮助他们改正错误。

　　倘若父母对孩子采取消极粗暴的态度，不但不利于孩子真正改正错误，还可能影响孩子的行为往不良或不健康的方面发展。

　　父母温和的态度和鼓励，能够让孩子感觉更安全，同时在父母的帮助下，孩子才能健康的成长，为一生奠定良好的基础。所以，要永远用温和的态度对待孩子。

　　有一次妈妈带着露西到玛丽阿姨家做客，露西在阿姨家里的沙发上不停地跳来跳去。

　　妈妈对露西说："宝贝，不要再跳了。"露西玩得高兴，根本不理会妈妈的警告，还一边跳一边说："可是你让我在我们家里的沙发上跳。"

　　此时，妈妈并没有发火，对她说："我多希望玛丽阿姨能够让你在沙发上跳啊，但是这是玛丽阿姨的家，她们家里的规矩和我们家里不一样，玛丽阿姨不喜欢你这样做。"

　　露西想了想，就停止了在沙发上蹦蹦跳跳。

　　妈妈的态度表达了她对孩子的理解，同时，当"禁止令"由外人来制定时，孩子们更容易去遵守。

　　一次家里来客人，托比到处乱跑，不停地把自己扮演成各种角色，扮成大灰狼把客人带来的小妹妹吓得哇哇大哭，可谓是出尽了洋相。

　　虽说三四岁的孩子对于哪些行为可以做已经有了初步的认识，但是，孩子们总想成为大家注意的焦点，所以会想尽"花招"展示自己，根本不去在意事后会受到什么样的惩罚。

　　如果家长见到此情此景，大声地批评孩子，或者表现得特别生气，那么孩子的小心思反而会得到更大的满足。

　　因此，如果孩子出现恶作剧的行为，做家长的一定要保持冷静。

　　于是，托比妈妈安抚了哭泣的小女孩，大家一起有说有笑的。

　　过了一会儿，托比看大家都没什么反应，只好乖乖地安静起来。客人走后，妈妈把托比拉到一边，温和地对他说："你今天的行为妈妈很不高兴，你自己说说哪里错了？"

　　托比惭愧地低下了头，对妈妈说："我错了，下次不会了。"

妈妈接着问："然后呢？"

托比说："我愿意接受妈妈的惩罚。"

由此可见，批评不代表怒吼，温和的方式反而能达到更好的效果。

所以，生活中的家长们，即便是发现孩子犯了错误，也要首先控制自己的情绪，尽量从孩子的角度出发，用温和的态度询问孩子。

具体该如何做呢？

首先，家长要平衡好自己的心态。当孩子做出一些令父母难以接受的行为时，有些父母过于激动，立即对孩子采取训斥或打骂的惩罚方式。的确，在父母的怒吼之下，孩子或许会表现得很服从，但经常这样做，家长逐渐会无法控制局面。初期会吓到孩子，产生一定的威慑力。但久而久之就会使孩子拒绝与父母交流，并采取隐瞒、撒谎等方法，以逃避父母的责骂。

其次，运用"冷处理"的技巧。家长在自己着急、生气时不要教育孩子。当为孩子的错误而烦恼时，不妨先静下心来，平复一下自己的情绪再教育孩子。尤其是当孩子也处于生气、激动的时候，更不宜进行说服教育，等双方都平静下来再用温和的态度进行教育，冷静、客观地处理问题，防止粗暴地对待孩子。

## § 你 的 惩 罚 是 对 我 最 大 的 爱

心理学研究表明：如果一个人知道自己在犯错，内心里会有一种接受惩罚的准备，这是很普遍的一种心理需求，即为自己的愧疚做好承担责任的准备，获得心理上的平衡。

可是年幼的孩子，会因为害怕惩罚而选择逃避责任。但是在孩子长大的过程中，看似让人头疼的犯错"时节"，恰恰是家长施展教育的良好契机。实践研究表明，不安会让孩子急于求助，此时让他们得到的教训更加刻骨铭心。

用鼓励的方法教育孩子固然是一种很好的方式，但是，在鼓励和嘉奖孩子的同时，也不应该忽视"惩罚"的作用。

当然，这里所说的惩罚并不是体罚，不是伤害，不是打击孩子的自信心，更不是心理虐待和歧视。

惩罚的目的是在尊重与信任的基础上，让孩子学会为自己的过失负责。

曾经有一个五岁的小男孩在自家的院子里踢足球，不小心把球踢了出去，把邻居家的玻璃给踢碎了。邻居说："我这块玻璃是12.5美元买的，是上好的玻璃，你弄坏了，要赔给我们。"

这个故事发生在1920年，那时候12.5美元可以买125只鸡。

小男孩没有办法，虽然他很害怕，但还是告诉了爸爸。

爸爸问："玻璃是你踢碎的吗？"

"是的，爸爸，我很抱歉"。

爸爸说："那我们必须赔给邻居，但是你踢碎的就应该由你来赔。没有钱，我借给你，以后一定得还给我。"

在接下来的日子里，小男孩一直没有忘记这件事情和他欠爸爸的12.5美元钱。

后来，随着孩子慢慢长大，他去街上给人擦皮鞋、送报纸、打工挣钱，挣回了12.5美元还给父亲。

相信说到这，大家都知道了这个孩子是谁了，他长大后成了美国的总统，他就是里根。

这是总统先生在回忆录中写到的一个故事。

里根总统说："正是这件事让我懂得了什么是责任，那就是一个人要为自己的过失负责。爸爸当时的惩罚，是对我一生最大的爱。"

如今，在家庭教育中，很多孩子根本不懂得什么是责任感，"勇于担当"这个词似乎早已与他们无缘。不少家长甚至在有意无意中剥夺了孩子接受"惩罚"的权利。

每当孩子做了错事或出现问题时，一些家长的第一反应是纵容和包容孩子。因此，在这里要明确地告诉家长：没有惩罚的教育是不完整的。

家长不要总是充当孩子过失的挡箭牌，让孩子们学会承担，才是真正的为孩子好。

事实上，在孩子成长的路途中，社会规则的惩罚无处不在，做家长的不应该因为自己所谓的父爱母爱便用最拙劣的方式把孩子与社会隔离开，最终让孩子们丧失在社会中抗击风浪的能力。

然而，什么样的惩罚最有效呢？

曾经发生过这样一个故事。

两个 6 岁的孩子，在一次考试中传纸条作弊，被老师发现，老师为了惩罚他们，让两个孩子各自伏在椅子背上。

孩子们闭上眼睛，忐忑地等待松木板子的惩罚。伴随一声又一声的拍打，两个孩子都泪流满面，开始悄然地哭泣，他们都以为对方在挨打，为自己的过错牵连了对方而感到深深的自责。

然而，当孩子们张开眼睛，看到老师在抽打椅背时，才真正懂得了老师的爱和用心。

不论是优秀的老师还是聪明的父母，都会懂得惩罚孩子并不一定要让孩子承受身体的痛苦。恰当的方式一定会让他们记忆更加深刻，并由此真实地体验到：惩罚也是父母爱他们的表达方式。

实践中，如下两个原则家长们必须用心把握：

首先，家长们要明白，惩罚绝不是我们想要解决问题的根本方式，也不是根本目的。惩罚也好，奖赏也罢，都仅仅是为了让孩子能够树立正确的世界观，养成良好的行为习惯，向着正确的方向发展。

其次，批评或惩罚孩子的时候，要讲究方式和技巧。尤其是在表达不满的同时，也不要吝啬鼓励与期望。家长只有了解孩子，走进他们的精神世界，才能让孩子体会到教育的用心良苦。

再次，用真正的爱心去惩罚犯错。关心和鼓励是一种爱，惩罚也是另一种形式的爱。家长们需要足够的智慧去对待孩子，用真诚的目光注视着孩子，用正确的心态对待孩子在成长过程中所犯的错误，让孩子在健康、快乐的惩罚中实现成长。

# 我很小，
# 但面子很大

**给家长的备忘录：**

可能的话尽量不要在人前纠正我的错误，我
会感到很没面子，进而和你作对。你私下提醒效
果会更好。

从 2 岁开始，孩子就开始有了自主意识，在孩子的世界里，开始有了"我"、"不"等词汇，开始强调自己的立场，并开始具有真正分辨是非的能力，同时表现出强烈的自尊心。这个阶段一般会持续到 6 岁左右。

虽然孩子年龄小，但是也有自尊心，也开始爱面子，有些孩子的自尊心甚至比大人们还强。在教育孩子的过程中，父母一定要注意保护孩子的自尊心和自信心，这是教育的基本原则。

科学的教育理念告诉我们：家长们平时如何对待朋友，就应该如何对待孩子。不要在公共场合或者外人面前训斥孩子，揭发孩子做过的错事，这些行为会让孩子幼小的心灵产生挫折感和羞辱感，让他们的童年留下阴影。甚至有些孩子与家长产生隔阂，进而与家长对抗，开始叛逆，最终误入歧途。

当孩子提出无理的要求或者偶尔犯了错误，做家长的要明白教育的真正目的，不是让孩子无地自容，而是让孩子认识并改正错误。在公众场合要给孩子留些面子，然后在私下里沟通的效果会更好。


## § 我很在意自己的面子

面子和自尊并没有绝对的是与非。

然而，我们却会发现，小孩子也往往以倔强的方式来维护自己的"面子"，甚至不惜和家长对抗。此时，很多家长才恍然大悟：原来小家伙有了如此强烈的自尊心！

大量的幼教经历告诉我们，幼儿阶段孩子已经有了较强的自尊意识，家长一定不能忽视孩子的"面子"需求，它同样需要家长用心去呵护。

人的自尊心是建立在自我评价的基础上，同时要求别人予以承认。一般来说，自尊通常表现为不愿向别人屈服，不容许别人的歧视和侮辱。所以，从这个意义上说，自尊心是一个积极向上、努力克服缺点的内部动力。对于幼儿阶段的孩子来说，自尊心尤为重要，家长们只有保护好孩子的自尊心，教育才有成功的可能。

一般从 2 岁开始，孩子就有了自我意识，也开始有了自尊心。来自于最亲近、最爱的父母的评价和态度，对孩子来说非常重要。这个阶段一般会持续到 6 岁左右，也可以称为是孩子的第一个叛逆期。

因此家长在教育孩子的过程中，不能忽视保护孩子的自尊心，这是教育的基本原则，也是每一位家长最应该做到的。

有这样一个场景。

一位女士带着 4 岁的儿子参加朋友的晚宴，席间儿子与朋友的孩子玩得很开心，很快就打成了一片。

席间吃饭的时候，儿子笨拙地夹起一块鸡肉，正在往嘴里送的时候，一不小心手一歪，整块肉都掉到衣服上，之后又掉到地上。

见到这种情景，这位妈妈立即火冒三丈，大声斥责儿子："你怎么那么笨，刚出门换的新衣服，你看人家怎么不掉东西。"随后还夸了朋友的孩子乖巧可爱。

看到妈妈的愤怒，听着妈妈的训斥，孩子瞬间感到很难过，他强忍着泪水，连看也不敢看小伙伴一眼。

被妈妈斥责后，小家伙就不肯吃饭了，一直低着头坐在那里。任凭妈妈怎么给他夹菜，同座的阿姨怎么哄他，他都不肯吃，小家伙就是在以这种方式表示抗议。妈妈在人前的责骂，伤害了孩子的自尊心。

倘若这位妈妈换一种方式。

当小男孩把鸡腿掉到衣服上，又掉到地上，妈妈看到了，温和地递给孩子一块毛巾，对他说："宝贝，没关系，赶快擦干净"。

然后跟一起午餐的朋友说："不好意思，刚刚我们实在不小心。"

如果是这样的处理方式，孩子一定能够和小伙伴一起享受一顿丰盛而愉快的晚餐，席间，孩子也会更加小心。

虽然年纪很小，但是在公共场合，特别是还有小伙伴在场的情况下，小宝贝们真的很在意自己的"面子"。

如果在外人面前责备孩子，会让孩子产生羞辱感，甚至产生心理阴影。倘若经常性地在外人面前批评孩子，还会让孩子产生不安全感，导致他们对家长的不信任，进而疏远亲情关系。

有这样的一位爸爸，他脾气暴躁，不论在任何场合，只要孩子做了他认为不该做的事情，总是张口大声训斥，且言语刻薄。

有一次，5岁的女儿正和一群小朋友在一起有说有笑地玩耍，父亲突然出现，随后就是一通痛骂，他责怪孩子没有按时回家吃饭，还需要出来找她，临走父亲撇下一句话："以后这样就永远不要回家"。

周围的小伙伴都瞪着大眼睛看着她，小姑娘低下头，跟在爸爸的后面流着眼泪走回家。

后来这个小姑娘非常内向，不爱与人交流，也很少大声说话，特别不和爸爸说话，凡是爸爸要求她去做的她都喜欢向着相反的方向行进。这些都在表明，孩子在以一种沉默的方式对抗父亲的"权威"。

现实生活中，那些"面子"多次受到伤害的孩子，甚至不再愿意和家长说话，不愿意和家长在一起。鉴于以上特殊性，家长们在面对孩子的"面子"问题时，一定要注意以下几点：

首先，公正、平等地对待孩子。试想一下，如果父母在打骂孩子的时候，发现孩子已经强壮到自己打不过他们了，那家长还会动手吗？同样的道理，当家长处于强势的一方，也应该平等地去对待孩子，父母可以蹲下身子，用平视的角度和孩子沟通，让孩子在心里觉得受到了尊重。

其次，不要在公共场合训斥孩子，即便他们犯下错误。教育的目的不是让孩子受到羞辱，感到无地自容，而是让孩子改正错误。只要不是太过激的行为，家长完全可以留些面子给孩子，私下再找机会和孩子沟通，效果会更好。

最后，孩子的错误越少人知道越好。如果孩子做错了事，家长应该尽可能不要让更多的人知道，尤其不要让全家人都知道，父母可以解决的就不要让别人参与，否则，孩子会有一种"别人都在说我、嘲笑我"的感觉。家长的目的是让孩子认识到错误并改正错误，弄得"人尽皆知"，实在不是一个解决问题的好办法。

## § 请给我一个爱的"台阶"

相信很多家长都有过这样的体会：孩子的破坏能力有时超出想象。

所以很多家长都说过这样的话："孩子非常淘气又任性，怎么讲道理都不听，我常常控制不住的发火！""当家长以后脾气变得更暴躁了，就像一桶汽油，被孩子一点就着。"

这似乎是现在很多爸爸、妈妈们都遇到过或者即将要遇到的问题。

用"发火"这种方式显然不是成功的父母。其实仔细想想，家长大发雷霆地斥责孩子，对解决问题根本无济于事，除了让孩子害怕、委屈、进而产生逆反心理外，起不到任何的效果。

家长们应该反思一下自己的教育方法和所作所为，想一想：我为什么生气？我为什么要在别人面前斥责孩子？这会对孩子产生怎样的影响？我站在孩子的角度看待问题了吗？

其实孩子始终是孩子，他们不能像大人一样去思考问题，更不能像大人一样，学会保护自己。

顽皮和不听话是孩子的天性，犯错是孩子成长过程中不可避免的。孩子们总是对一切事物都充满了新鲜感，他们的对错观念有时和父母不太一样，宝宝不知道爸爸、妈妈为什么要生那么大的气，他们只知道，怎么有趣怎么玩、怎么开心怎么玩。

这才是真正的孩子。

一天，托比妈妈从外面回来，看到邻居忘记带钥匙而等在门外，于是她邀请邻居到家里来坐坐，顺便等家人回来开门。

一开自己家的门，没想到托比竟然把家里搞得"狼狈不堪"。他将五颜六色的蜡笔都涂在了白沙发上，自己也变成了花脸猫。

妈妈尴尬地对邻居笑笑，强压住心中的怒火。

邻居走后，妈妈把4岁的儿子叫到身边，问他沙发上蜡笔画是怎么回事，托比低着头，一句话也不吭。

妈妈想了想说："外婆刚才在厨房做饭，你和小狗是不是在客厅里玩？"

托比点点头。

妈妈说："那妈妈知道，一定是小狗把沙发弄脏了，小狗用你的蜡笔画的水彩画。可是托比，你可不可以去告诉小狗，在沙发上画画是不对的，如果小狗以后还想画画，要画在白纸上，好不好？"

妈妈走开后，托比满脸内疚地抱着小狗，似乎在想些什么。

晚饭过后，托比抱着小狗来到妈妈的房间，不好意思地对妈妈说："妈妈，沙发……沙发的画……不是小狗画的，是我画的，对不起妈妈，以后我再也不在沙发上画画了。"

托比的表现再次证明，即便孩子犯了错误，家长也应主动给孩子一个"台阶"，教育目的达到了，教育方式就是科学的。所以，类似场景之下，家长应注意如下方式：

首先，在孩子做错事的时候，如果恰好有外人在场，家长可以暂时"放弃"教育孩子，只要用商量与交流的语气制止孩子的行为即可，等到私下的场合，再教育孩子。当然，也要通过讲道理而不是粗暴的方式，在充分照顾到孩子自尊心的前提下，让他们明白自己的错误。

其次，爱护孩子的面子，把握批评与夸奖的时机选择。有一些家长会担心，如果在外人面前夸奖孩子，会让他们骄傲自满，于是故意在外人面前批评甚至责骂孩子。可是在这种场合所进行的教育，不仅不能达到抑制孩子骄傲的作用，还会伤害孩子小小的自尊心，孩子会以为在家长的心里，他们并不是优秀的，并不是好孩子。很多产生这种想法的孩子，会表现得更加不好，甚至和家长强烈对抗，产生叛逆心理。

## § 伤了面子会让我失去自信

自尊和自信是孩子自我发展的内在动力，也是一个人向善的基石。对于孩子来说，与自尊密切相关的自信，更是他们健康成长的精神支柱。

虽然孩子还小，但假如家长有意或无意间伤害了孩子的自尊心和自信心，便形同打击和摧残了孩子的心灵，严重者还有可能失去向善发展的动力和精神支撑。

因此，不论在什么情况下，诋毁或者伤害孩子的自尊心，都不是成功的教育，也违背了育人的初衷。

然而，在现实生活中，很多家长还是不经意间以权威的方式斥责孩子，不分场合，不讲方式，不注意保护孩子的自尊心和自信心，甚至有些家长不尊重孩子的隐私。

当孩子做不好一件事情，家长会责备孩子："你怎么这么笨。"

如果孩子平时有些胆小，家长会说："你真是个胆小鬼。"

孩子在玩耍的时候闯了祸，家长会说："你真是个坏孩子，怎么这么不争气。"

如果是这样的方式，即便孩子原本没错，也会在指责和埋怨中，失去应有的自尊心和上进心。

成功的家庭教育来自父母对孩子的深入了解、接受和尊重。每一位父母都爱孩子，但是恰恰又以爱的名义在伤害孩子，即便是家长，也不该拥有这样的权利。

人们常说，好孩子不是骂出来的，而是夸出来的。

有这样一个故事：

一天下午，一个小孩子放学后到一片树林里玩耍。

天渐渐黑了，孩子还没有走出树林。这个孩子很胆小，他怕遭到野兽袭击，就爬到一棵树上不安地躲了起来。

孩子很晚没有回家，父亲很不放心，于是就沿着孩子放学回家的路去寻找。

在树林里，借着月亮的微光，父亲隐约看见一个孩子正躲在一棵树的树杈上，他的直觉告诉自己，那就是他的儿子。

可是这位父亲假装没有看见，他没有立即喊儿子下来，而是吹着口哨在不远处溜达。

儿子听到父亲的口哨声立即不再害怕，他马上从大树上溜下来，吃惊地问："爸爸，你怎么知道我在这里呢？"

爸爸说："我出来散步，没想到竟然遇到你呢。"

这个孩子长大后进入军官学校深造，并且在毕业后成了一名作战勇敢的将领。

孩子的勇敢得益于伟大的爸爸。爸爸明明担心儿子，却更理解儿子。他没有因为孩子的贪玩而大发雷霆，也没有因为孩子躲在树上而嘲笑他的胆小，连一句玩笑话都不曾说，用他自己的方式保护了孩子的自尊。

众多的实践让我们确信，家长简单粗暴的爱，会伤害一个孩子的自尊心。反之，聪明合格的家长则会运用自己的爱心保护孩子的自尊心和自信心。

所以，生活中家长们尽可能地做到：

一方面，多表扬、多鼓励，少指责、少埋怨。这样做不仅可以调动孩子的积极性，克服他们身上的缺点，还能让家长和孩子一起在成长中逐渐完善自己。

另一方面，鼓励孩子的自尊和自信。善于与人沟通交流的人，在现代社会交往中，会明显地处在主导地位。自尊心强的孩子，往往更活跃，更善于表达自己的想法，也会更大胆地发表自己的见解和主张。所以，这样的孩子通常很少会受到别人意识的影响，成人之后会更加稳重和自信。

## § 让我在人前感受你的宽容

家长对孩子的爱就像一扇门，这扇门里是呵护、关心、引导和宽容。在教育孩子的过程中，宽容是一种非常重要的手段，是通往"爱"的途径。

在孩子做错事的时候，家长不要用过激的语言去斥责，也不要穷追不舍地追问，而是用宽大的胸怀接纳孩子的过失。这并不是纵容，这种方式反而能让孩子感到自责，并反思自己的错误，而后改正。

父母的宽容是孩子成长的养料，宽容能够培养孩子的情怀，通过耳濡目染，孩子也能够学会宽容大度，不害怕回避错误并且学会善解人意。倘若父母懂得包容孩子，孩子就有足够的胆量去直面错误，并且在生活中有勇气去尝试新的事物。

在街上，一位妈妈偶然看见自己的孩子和别人一起玩儿，小家伙正用泥块砸向别的小朋友。

这位妈妈走了过去并制止儿子："回家到客厅等我。"

被妈妈逮个正着的小家伙，回家后非常害怕，他有些心惊胆战地等待着妈妈的训斥。

妈妈回来后，并没有惩罚或者责骂儿子，而是拿出一个苹果递给他："这是奖励你的，你比我先回家，我迟到了。"

小家伙不安地接过苹果。妈妈又掏出一块糖果递给他："这块糖也是奖励你的，当我制止你不再打人时，你很听我的话，这说明你很尊重我，所以应该奖励你。"

小家伙一脸惊愕，妈妈则继续说："我刚刚问过其他小朋友了，你用泥块砸他们，是因为他们欺负了你的好朋友。这说明你很正直又善良，妈妈认为你应该得到奖励。"

小家伙突然哭了，对妈妈说："可是我不该打他们的，他们也是我的朋友，打人总是不对的。"

终于，这位妈妈露出了满意的笑容。

这是一位聪明的妈妈，也是一个懂得孩子内心的妈妈。她用宽容的心态、以奖代罚的方式，触动了孩子的心灵，没有批评，没有指责，没有训斥，用温和的方式让孩子认识到了自己的错误，并主动改正。

生活中，当孩子犯错被家长们发现后，内心一定会产生恐惧。此时，当家长以宽容的胸怀包容孩子的错误，他们内心里不仅仅会存在感激，也会终身难忘，记住相关的教训。

同时，对家长来说，宽容对待孩子更是十分必要的。小孩子的阅历十分有限，分辨对错的能力不强，遇到事情他们更多的是本能反应，很容易受情绪的影响。了解孩子的这些特点，做家长的理当宽容地对待孩子，并给孩子做个表率，孩子才会效仿正确的做法。

对人宽容是一种美德，人际交往中离不开合作与配合，而配合的基础就是宽容。对于孩子健康成长来说，从小注意培养宽容的品德十分必要。因此，在家庭教育中，如果家长们能够做到宽容到位，对培养孩子的宽容心态十分有利。

首先，家长要理解自己的孩子。家长应该了解孩子行为的真正原因，不要误解孩子，并引导孩子让他自己去认识到自己的错误。只有充分认识到自己的错误，才能真心去改正。

其次，让孩子感受到你的心痛。当我们准备原谅孩子的错误时，不论是语气还是行为，都要表现得很痛心，并且相信孩子可以改正。不能表现出无所谓的态度，这样孩子很容易缺乏改正的决心。同时，也不能总是把孩子的错误拿出来批评，改正了就好，不要总是翻旧账，否则会适得其反。

最后，宽容不是纵容。宽容是积极的教育，在孩子意识到错误之后，宽容能够保护孩子的心灵，并让他们改正错误。而纵容便是包庇，对孩子的错误不闻不问，只会让孩子无法养成明辨是非的能力，从而无法约束自己的行为。所以，对孩子纵容是不负责任的，放任更是家长失职的表现。

## § 我渴望和你平等

孩子在很小的时候，都很听父母的话，可是有一天，家长们突然发现宝宝似乎开始不听话了，其实这是婴幼儿建立自我和自尊的第一阶段。

孩子之所以会不听话无非是想获得更多成长的空间，他们希望和大人一样平等，这时父母应该给孩子一些自由，不要太过强势而让孩子更加叛逆，时刻想要跟家长作对。

因此，当孩子想要自己去做一些事情的时候，家长们不妨满足孩子的一些合理要求，在他确实需要帮助的时候给予一些指导就好了。这样，孩子觉得自己受到了父母的尊重，小小的自尊得到了维护。此时就能够获得愉悦感和成就感，也自然更愿意去做个听话的孩子。

如果父母凡事都以家长的权威和强势去压制孩子，孩子反而会产生抵触情绪，进而更加固执。用何种方式与孩子交流，直接影响他们的行为表现。

家长应该多用正面和积极的语言和孩子交流。比如：尽量不对孩子说："不要乱动东西"，可以换一种方式："宝贝你看这样多整齐啊"。家长最好不使用"不"字，因为这个字会吸引孩子的好奇心，增加他们想去尝试的欲望。

一位妈妈带着儿子去超市，当看到一个和家里一模一样的玩具时，小儿子认定这个玩具就是他的，非要拿回家里去。

妈妈说："宝贝，小玩具现在是想妈妈了，它想趁着我们来超市买东西的时候，回家来看看自己的妈妈。可是等我们回家的时候，它肯定也会回家的。"

这样一说，儿子放开了玩具。

倘若妈妈换一种方式，对儿子说："不许拿，家里已经有一个一模一样的了，不能再买玩具了。"

孩子年龄小，他分不清超市里的玩具和他家里的玩具有什么区别，妈妈强势的话语，不仅不能让他明白，反而会加强孩子的逆反心理。

孩子会一直固执地抱着玩具不肯撒手，因为他从心里认为那就是他的东西。

因此，家长朋友们应该了解孩子的心理，当孩子对某些东西感兴趣时，他会使用一切"手段"得到，甚至提出无理要求，这时家长不要粗暴地制止，可以提出一些他更感兴趣的建议或者换一种和孩子沟通的方式，用孩子的思维去考虑一些问题。

如果家长总是把自己的意愿强加到孩子身上，他们必然会反抗，甚至产生挫折感，变得越来越固执，越来越"不听话"。

那么家长应该如何避免自己产生压抑孩子的行为呢？

首先，从内心里改变自己对孩子的态度。改变对孩子说话的口气，多用交流的方式代替指责。如不妨把盛气凌人变成和蔼可亲，把强势变成温和。

其次，在生活中时刻注意一些小事和细节，从这些点上注意维护和培养孩子的自尊心。当孩子开始有了自己的想法和意愿时，家长们要尊重并平等地对待他们。看似不经意的小事，有时也会对孩子的心灵造成大的伤害。所以，尊重孩子，就是在细节之处尊重孩子的想法和意识；平等对待他们，就是在细节之处像对待朋友一样对待孩子。

### § 我难堪时，特别需要你的呵护

生活中，孩子真正独自"属于"家长的时间并不长。而在这并不太长的成长过程中，自尊和自信再重要不过了。所以，当孩子逐渐有了自我意识，认识到"我"的重要力量时，便是他们渴望被尊重、被认可的开始。

在0-4岁期间，孩子需要家长百分百的呵护和爱，他们此时生活的中心就是父母。但是从4岁开始，孩子就开始建立属于他自己的人际关系网络了，他们开始有朋友。而到了6岁，孩子的关系圈里就不只有家长了，同龄的玩伴对于他们越来越重要。

随着小家伙们逐渐融入社会，他们的自尊心也越来越强，家长们如果还将他们视为什么都不懂得小孩子，不注意保护他们的面子和尊严，就很容易让孩子感到难堪。

有一次在幼儿园，午睡后孩子们开始各自收拾准备上课了。

一位小姑娘不好意思地走到老师身边，说："老师，我……好像……出汗了。"

看到孩子紧张、忐忑的样子，老师意识到她很可能是尿床了，自己觉得很不好意思。随后老师来到她的床前，看见被褥确实湿了好大一片。

"出汗了没关系，老师一会儿帮你晾干了就行了。你先去小便吧。"老师安慰着小姑娘。

随后，老师悄悄地将这位小姑娘带到了没人的房间，帮她换上了干净的衣服。而小姑娘则腼腆地对着老师说："谢谢老师！"

生活中，在处理孩子的问题时，作为家长要时时想到孩子同成人一样有隐私、有自尊，孩子也是一个独立的、有完整人格的人，他们同样需要理解和尊重，不愿意被别人嘲笑。

特别是一些年龄偏小的孩子，尿床是经常发生的事情。如果不注意保护孩子的自尊心，在其他人面前给他们换衣服，或者出于警醒其他小朋友的目的，指出他们的错误，就很可能无意中使孩子感到很难堪，从而伤害到他们的自尊心。当孩子再遇到类似的情况时，便不敢再说出来，如此将很不利于孩子们的身心发展。

生活中，小孩子经常会有意无意地犯下一些错误，家长们在处理的方法上应当讲究，除了不应盲目指责、埋怨之外，还要注意避免点破孩子的某些内心想法。这样不仅可以让孩子获得来自家长的安全感，更能让他们因此感受到无声的关爱。

孩子教育无小事。尤其是在一些公众场合，家长们要尽可能地多说孩子的优点。即便孩子做得不够好，也要注意用恰当的方式保护孩子的面子，尤其是当孩子自己也意识到做了"丢脸"的事情后。善意的呵护和保护，不让孩子感到难堪，在孩子的成长历程中显得尤为珍贵。

当然，对孩子面子和自尊的呵护，不仅是孩子们健康成长的需要，也是家长们对孩子形成良好教养的示范。

众多的经验总结告诉我们，当家长习惯了不分场合、不讲方式地指责孩子，孩子也大多会形成如家长一样的教养习惯，很难尊重和礼貌待人。反之，家长谦和有礼，孩子一般也会受到父母的感染，谦和礼貌地对待别人。

　　当家长进孩子房间时不懂得敲门，在拥挤的人群中随意地挤在别人前面，对于别人的帮助忘记说"谢谢"，与人谈话时轻易打断别人的话……这些看似很平常的行为，都在无形中告诉你的孩子：这样做是可以的。

　　而有着这些行为习惯的家长，在面对孩子做错事时，也往往不会听孩子的解释，或者随意打断孩子的解释。凡此种种不尊重孩子的方式，对尚在年幼的孩子来说，影响都将极为深刻。

　　尊重别人、懂得礼节的孩子，必定有教养。作为孩子监督者和引导者的家长们，肩负着教导孩子的重任，千万不要以孩子还小为借口，忽略了自身榜样的重要责任。

　　如果你的孩子很调皮，时时犯些小错是正常的。但如果你一再强调"不要打断别人的话，别人说话时你要认真地听，等我说完你再说"，而孩子还是重复着犯相同的错误，家长们就应当反思：自己对待孩子的时候，是不是也重复着相同的错误呢？如果我们做家长的没有正确对待孩子，凭什么要求孩子尊重别人呢？

　　给孩子解释自我想法的机会，学会倾听他们的声音，是孩子成长过程中一个很动人的场景。这样的场景意味着，我们不仅仅是用耳朵在听，更是在用心去感受，愿意让孩子感受到真诚的尊重。

　　尊重别人是一种教养，尊重孩子更是每一位父母都应该做到的。为了孩子们的自尊和教养，家长们平时应注意两大方面：

　　一是立即停止对孩子的负面评论，给孩子成长中的安全感。成人时常会对各种人与事进行评论，其中当然有一些负面的内容。这其中就包括孩子的话题。如有的家长会在众人面前评价自己的孩子，很笨、很淘气、不听话、马虎等词语常常出现，这些负面信息不仅会伤害孩子的"颜面"，更会让孩子渐渐失去对周围人和环境的信任，进而失去安全感，不愿意出现在公共场合。

　　二是认真倾听孩子的声音，还给孩子一个快乐的成长环境。作为家长，有责任让孩子感受到世界的美好和善良，而失去了安全感的孩子很难得到快乐。当孩子行为不当的时候也需要倾诉，此时的家长先不要对他们的行为正确与否做出评判，而是给予孩子理解和帮助。

第九辑

# 山大的压力
# 我扛不起

**给家长的备忘录：**

当我说"我恨你"的时候别往心里去。我恨
的绝对不是你，我恨的是你加在我身上的那些压
力。

　　爱孩子，就要让他们快乐。现在越来越多的父母希望自己的孩子能够"赢在起跑线"上，施加给了孩子太多的压力，让他们过早地开始读书、识字、学游泳、做很难的数学题，甚至希望自己的孩子成为神童。

　　过多的负担和压力，不可能让孩子快乐，反而会毁灭他们的创造性。压力太大，会事与愿违、弄巧成拙。

　　压力小更有利于孩子健康成长，特别是 6 岁以前，宝贝们应该多听音乐，少识字。想让孩子对课外活动充满激情？那就别给他们太多压力。

　　有研究显示，倘若父母强迫孩子演奏乐器，并不能达到很好的效果，大多数孩子表现出认真演奏，实际上是不想让父母失望。过多的压力会对孩子产生负面的影响，而拥有更多激情、更多自主选择权的孩子更易积极地参与到活动中，才能也更容易得到开发。


## § 快乐，是我成长的动力

　　让·皮亚杰是瑞士的一位心理学家，在 20 世纪 60 年代，他曾经来到美国，和美国的家长们分享他在育儿方面的理论成果。

　　每一次他的演讲结束，家长们都会问他一些问题，这些问题也被称为"美国问题"。其中有个问题就是："做家长的该怎样加快孩子成长的进程呢？"

　　可以说，这不仅仅是"美国问题"，也是全世界的问题。

　　每一位家长都希望自己的孩子能够赢在起跑线上，最好看书、识字、算数、游泳样样都比别的孩子会得早。

　　当孩子拿回奖杯，家长会感到快乐和骄傲，觉得自己的孩子是这么优秀，可是孩子们是否快乐呢？这个问题似乎早已被家长们忽略了。

　　当面对这些"美国问题"时，皮亚杰回答说："为什么要这样做呢？每个宝宝都有自己成长的时刻表，拔苗助长是不可能的，也是不值得、不可取的。"

做家长的总是喜欢给自己施加一个教育任务，那就是带领自己的孩子从一个阶段发展到另一个阶段，每一个阶段都不要落下脚步。家长以为自己越是努力，孩子就成长得越快，也总是希望自己的孩子比其他的孩子都强、能够做同龄中的佼佼者。

然而随着育儿经验的探索和发展，越来越多的家长开始更支持服从孩子的"自然成长规律"，不强迫孩子去做他们年龄以外的事，让孩子快乐成长。

托比一岁半就被爸爸、妈妈送到了婴儿游泳中心，父母希望孩子能够早点学会游泳。

托比的学习时间被安排在周六下午的三点到四点钟。

到了游泳中心，一家人一起进入泳池，小托比开心极了，在水里扔水球，滑水梯，在浮水板上跳来跳去。

中途一个游泳老师告诉爸爸、妈妈他是托比的老师，有什么问题可以找他，说完就游走了。

没等托比玩够呢，一个小时的时间就到了。

妈妈认为这一定是一节体验课，下次上课老师就来教宝宝游泳了。

过了一周，又到了游泳课的时间，还是和第一次课一样，爸爸、妈妈等来等去时间就到了，可是就是没有人来教托比怎么蹬腿，怎么呼吸。总之，完全没有人来组织教学。上次见到过的老师来过一次，就是询问了一下他们玩得是否开心。

这一次，妈妈叫住了老师："什么时候教孩子游泳呢？"

老师笑着说："上婴儿课的宝宝不用学习游泳，要到6岁以后才开始真正学习课程。"

妈妈惊讶地说："那我们上课的目的是什么呢？我们花钱来这就是为了让宝宝学会游泳呀。"

老师说："上课的目的是为了让孩子发现水，并体会在水中的快乐感觉。你看，小家伙玩得多高兴。"

这时另一位妈妈看到了他们的差异，对托比妈妈说："为什么一定要让这么小的孩子学会游泳呢，当小孩的时间就这么几年，这种快乐才是人生活的动力，没有快乐我们活着还有什么意义呢？"

说着她指了指玩得很快乐的孩子们，托比妈妈恍然大悟。

是啊，快乐难道不是我们生活的动力吗？我们希望孩子学到更多的本领，不就是为了他们将来生活得更好吗？而生活得更好的最终目的也是生活快乐。

既然如此，身为家长的我们，就应当从如下两个方面转变：

首先，尊重孩子的天性和成长的规律。6岁以前的孩子最重要的任务不是学习而是玩耍，给孩子一个无忧无虑的快乐童年，比让他们学会两种语言更为重要。

其次，不给孩子"成长的烦恼"。让孩子在没有压力的环境中体验他们应该享受的快乐，给孩子一定的空间，让他们自由成长，自由地探索和发现这个世界，同时让孩子自己去接受万物的"启迪"，这样的成长才是美好的。

## § 别让我去完成你的梦想

在教育孩子的过程中，做家长的也难免会有一些"私心"：我们希望自己的宝宝更优秀，借此证明我们做得很好；当别的小朋友都还只知道"疯玩"、"疯跑"的时候，我们却给孩子报了各种特殊技能培训班；在别的孩子母语还没有说完整的时候，我们的孩子则已经开始了第二种、甚至第三种语言的学习……如此种种，是不是很让家长们骄傲呢？

然而，在我们享受"骄傲"的同时，家长会忽略了一个重要问题，那就是孩子小小年纪就要扛起这么多压力，学习所谓的"技能"和"特长"，孩子是否真的愿意？他们是在过"自己的生活"，还是在替父母"完成梦想"呢？

曾经有一对俄罗斯夫妇，生了一个可爱的小女儿，他们十分疼爱女儿，将她视为掌上明珠。

小女孩一岁多的时候就学会了说母语，而且特别活泼爱笑，每次邻居见了一逗她，她就开心地笑，还不停地用稚嫩的语言跟大家打招呼，可爱极了。

孩子三岁多的时候，父母给小姑娘报了学习班，学习英语和中文，大概他们觉得孩子有学习语言的天赋，早一点接触以后学起来会更容易。

这对夫妇本身有着很高的学识，爸爸会说中文，妈妈的英文也很棒。每次他们都会用不同的语言和孩子对话，希望能帮助孩子更好地练习。

有一次女儿用俄语对爸爸、妈妈说："我不喜欢说英语和中文，因为它们太难学了，我喜欢讲俄语。"

妈妈说："那怎么行，你要坚持认真上课，爸爸、妈妈都帮助你练习，如果你不认真，我们会难过的。"

爸爸说："等你以后就知道爸爸、妈妈是为你好了，别的孩子可没有这种技能呢。"

小姑娘看上去满脸的忧愁，完全不是三岁的孩子该有的快乐表情。

就这样，过了半年的时间，突然有一天，家长发现孩子很少开口说话了，不论父母用什么语言，她都瞪着大眼睛看着，点头或者摇头，就是不肯回答。

这可急坏了父母，无奈之下，他们带孩子去医院看医生，医生说："孩子是因为语言功能紊乱而拒绝开口讲话，需要配合心理治疗，这个过程可能会持续很长一段时间。"

欲速则不达，说的就是这个道理。做家长的过于心急，没有考虑到孩子的承受能力。

学习任何一种语言，都应该是在学好母语的基础上才能进行，6岁以前的孩子，由于其掌握一门语言的能力还不稳定，学习多种语言无疑会造成其语言障碍，严重者还会产生心理障碍，对孩子的成长非常不利。

因此，生活中家长们应当明白以下道理：

其一，孩子是有思想的，他们有喜欢和不喜欢的东西，也有想做和不想做的事情，家长不能过早的将自己的思想强加给孩子，增加孩子在成长中的负担和压力。

其二，拒绝过早"逼迫"孩子成才。每个年龄段都有那个年龄专属的"任务"，学习是一生的事情，而童年却只有那么短暂的一段时光。既然家长们爱孩子，就应该让孩子有限的童年时光里快乐成长。

不做虎妈　不做狼爸

## § 我的智慧在玩耍中成长

　　有多少父母告诫孩子：不准在床上蹦蹦跳跳、不准在楼梯的扶手上玩滑梯、不准扔卧室的枕头……

　　在面对孩子们想象力超级丰富的各种玩法中，家长们总是有太多的"不许"。其实孩子的智力和身体各方面的均衡都是在玩耍中获得的，如果父母限制孩子的"天性"，不许他们动这个，不许碰那个，无疑会制约孩子的想象力和行动力。当然，如果是一些危险的玩法，父母要及时告诉孩子其中的危险性。

　　例如：很多孩子会对铁轨好奇，他们总是喜欢摇摇晃晃地在铁轨上走路；家长们也应该注意过，孩子们特别喜欢爬各种能够爬得上去的墙、栅栏之类的障碍物，虽然这其中隐藏着让父母紧张的危险，但是这些活动却都是有益的，它能够锻炼孩子的协调性和平衡性。

　　为了孩子的安全，父母可以在家里为孩子创造一些这样的"玩"的条件，比如：仿造一些栅栏，并告诉孩子，没有大人的陪同，在外面不能这样做，因为很危险。

　　孩子们总是有各种千奇百怪的玩法，家长不应该为此感到头疼或紧张，而应该高兴，自己的孩子这么聪明，有这么多新奇的想法。

　　露西从小就对手工特别感兴趣，妈妈经常鼓励她多做手工。

　　人的大脑是智慧的载体，是思维的基础，但是单有载体和基础是不够的，还需要后天的培养和锻炼。

　　露西的妈妈就很重视对露西动手能力的培养。手工操作对孩子的智慧成长至关重要，在动手的过程中，孩子会通过手的训练加强大脑的机能。

　　孩子多动手操作，不仅可以促进双手灵巧，在思维的训练上，也有很大意义。

　　经过露西的小手做出来的东西总是惟妙惟肖，细致逼真，有些"小创意"连妈妈都没有见过呢。

　　让孩子多做手工，可以培养孩子的创造力，因为孩子动手制作的过程，就是思考和发挥想象的过程，从这一点来说，鼓励孩子多动手，具有重要意义。

除了手工课，露西还参加了厨艺课，她总是能做出各种形状的小饼。

有一次露西对妈妈说："我的理想就是长大以后当一名厨师，这样就可以天天给爸爸、妈妈做饭吃。"

多可爱的想法啊。

另外，一些细心的父母会发现，6 岁以下的孩子往往更喜欢和自己年龄相仿的孩子一起玩，他们会有意无意地避开那些"大孩子"，此时父母应该尊重孩子的选择，和同龄人打成一片，在玩的过程中会增强孩子在人际交往中的能力和智慧。

在孩子玩耍的过程中，父母可以配合孩子做好以下几点：

一是多给孩子鼓励。不论孩子玩耍做出来的"成果"如何，家长们都要记住这一点。大脑思维基本靠后天的养成，孩子动手操作的过程，就是孩子动脑和积累智慧的过程，只要孩子认真去做了，家长们就应该鼓励他们，给他们信心。

二是甘愿做个配角。倘若孩子对一些特殊的手工工具提出要求，家长要尽量满足孩子，为他们提供工具，不要嫌麻烦，耐心为孩子准备好一切，不要以为小孩子的"游戏"不重要，要知道这是孩子增长智慧的好机会。

## § 我喜欢你欣赏的目光

日常生活中，家长应适当满足孩子的愿望，对孩子的需求给出积极的回应，是培养孩子健全人格的有效方法。与此同时，对孩子常说带有褒扬意义的话语，多给孩子一些欣赏的目光。

大量的实践案例表明，能够科学坚持上述做法的家长，其孩子不仅能够具备良好的自尊心，还往往有保持着正确行为的恒心。

爱迪生小的时候，每次妈妈去开家长会，都会因爱迪生的愚笨而受到老师的指责。

妈妈回家后，爱迪生表现得很紧张，他担心老师又批评了他。

妈妈说："儿子你进步了，希望你继续努力，会越来越棒的！"

爱迪生的妈妈是这样评价爱迪生的："我爱我的儿子，我从来不会用别的孩子的优点与他的缺点相比，爱孩子就是爱他的一切，而不是爱他的成绩或者他在学校中的优异表现。"对孩子的大爱正是这种毫无理由的欣赏。

在母亲的鼓励下成长，爱迪生终于成为伟大的科学家，为人类社会的进步做出了杰出贡献。

有一个父亲，他的女儿非常胆小，不善于交往。但是爸爸发现孩子的记忆力特别好，很会讲故事，于是便让她在家里讲，并且每次都夸奖她故事讲得好，还鼓励她给其他小朋友讲、给大人讲。

女儿受到表扬后，不断尝试，渐渐地克服了胆小的弱点，开始敢于在陌生的环境中大胆发言、讲故事、唱歌。

所以，家长们要及时抓住孩子的闪光点加以激励，多给孩子一些欣赏的目光。

每一个孩子都有潜在的优点，要靠做父母的去挖掘。看一看孩子有什么进步，哪怕只是一点点的进步也具有激励价值；或者给孩子制造一些表现优点的场合。最好的激励方式不仅仅是表扬，还有欣赏和分享。孩子能感觉到家长欣赏他，并且因为他而快乐，这是对孩子最大的鼓励。

父母要懂得欣赏孩子，发现孩子身上的闪光点，鼓励孩子不断进步。这个世界上没有一件事情比生活开心更重要了。父母赏识了孩子，就会让孩子学会欣赏父母和其他人，进而欣赏他生命中的一切生命，如此才能更开心快乐地生活。

具体实践中，家长们应该如何做呢？

首先，家长们要减少攀比之心，不要只看到孩子的缺点。当家长站在一个和别人比较的角度看待孩子时，给予孩子的爱就变成了一种伤害。而这种伤害也会影响孩子，使他们以同样的心态去对待生活中的一切。可见，这是一种扭曲的爱，对孩子的伤害非常严重。

其次，家长们也要用感恩的心态对待人生。家长如果用欣赏的眼光看待孩子，用感恩的心态去享受孩子带来的快乐和美好，孩子也会感受到自己在父母心目中的重要位置。

再次，家长要树立正确的教育观，让自己的生活也充满赞许和关爱。孩子的内心世界复杂而丰富，每一个孩子都有自己的个性和特点，绝不能用单一尺度去衡量每个人的生命价值。所以，用良好心态和正确观念教育孩子，不仅会让我们自己的日常生活充满快乐，更可以使孩子感到幸福，健康成长。

## § 我怎么会真的去恨你

孩子是父母的寄托和希望，每个父母都对自己的孩子有很高的期望。想让孩子事事做得完美，从小就出类拔萃，似乎这样才能彰显父母的成功。

但家长们如此过高的期待，有时容易让孩子内心反抗父母，喜欢和父母唱反调，甚至有的孩子说出了让父母非常伤心的三个字"我恨你"。

很多家长过早的给孩子制定学习任务，让他们学习钢琴、绘画、外语、甚至奥数，希望孩子在上学以前就能够比别的孩子起步早，可是不知道父母的这些"心血"将不可避免地给孩子带来生理、心理上的压抑。

家里的规矩太多，家长要求过高，不切实际地把自己的孩子与别的孩子相比，无形之中都会让孩子产生反感，造成情绪不安，甚至变得不合群，孩子活泼好动的天性将受到摧残，阻碍孩子主动性思维的发展。

孩子毕竟是孩子，特别是在 6 岁以前，他们应该多听音乐，画水彩涂鸦，开始艺术的启迪。但享受艺术是一回事，强制学习并要求达到一定的水准就成了另外一回事。

很多妈妈望子成龙心切，以为迫不及待地教宝宝读书、写字、培养特长就可以更好地开发宝宝的早期智力。殊不知这种做法并不符合孩子自身的成长规律，因为写字和识字本属于孩子不同发展阶段该做的事。

幼儿时期的宝宝，各方面机能都处于成长发育阶段，它有独特的自然成长规律。若是过早对孩子做出强制性的技能训练，只会破坏和影响孩子本身的成长，让孩子产生厌烦，不但开始讨厌学习，甚至讨厌父母。

　　露西从小对音乐非常敏感，每当家中有音乐的声音，小家伙都陶醉地听着。

　　四岁开始妈妈为露西请来了钢琴老师，教露西弹钢琴。看来妈妈是想早早地把儿女培养成"钢琴家"。

　　小家伙起初还充满好奇，上了几节课之后开始厌烦，她实在不喜欢老老实实坐在椅子上的感觉。

　　妈妈和老师又十分严厉，露西开始觉得委屈极了。

　　一天，老师像往常一样来家里上课，发现露西正抓着一把沙子洒在琴键上，并且对着钢琴说："我恨你"。

　　此时老师似乎想了些什么，她认真和露西妈妈交谈了一次，老师说："孩子明显不喜欢弹钢琴，每一课她都上得很煎熬。孩子还小，要不大一点的时候再开始学吧。"

　　妈妈考虑了老师的话，问露西："告诉妈妈，你喜欢弹钢琴吗？我们要继续学下去吗？"

　　露西一脸不愿意地摇了摇头。

　　妈妈说："那好吧，我们暂时不学了，等你想学的时候，我们再请老师过来。"

　　露西高兴极了，她一下子扑进妈妈的怀里，大声地对妈妈说："妈妈，我爱你。"

　　每个孩子都是大自然赐给家长的礼物。他们自身的一些行为和动作，例如爬行、唱歌等，都应该符合他们自然成长的特点，家长们不应该强迫孩子过早的"告别童年"。

　　所以，生活中家长们不妨掌握如下方法：

　　其一，幼年时期，孩子们对一些精确、细致的行为，比如：写字或者弹钢琴还不能做得很好，尽量不要进行这样高强度的训练。这两者对儿童手部自控能力的要求都很高，而孩子尚处于早期成长发育阶段，骨骼肌肉远远不够，若是过早地训练孩子写字、弹琴，可能会对孩子的成长发育形成不好的潜在影响。

　　其二，2-4周岁的孩子，大多喜欢四处涂鸦，用乱画的方式将他脑中的这个世界记录下来。家长们应充分满足他们的这种欲望，因为这是孩子智力自然成长的宝贵方式。

　　其三，5 岁的宝宝中有 95% 的都能进行一些准确性的临摹，但依然还有大部分的宝宝不能以正确的姿势书写简单的文字，所以只有到了 6 周岁以上才可以教孩子练习写字。这就要求家长们在教育孩子的过程中，务必遵循孩子身体的自然发育规律，不要拔苗助长。

🍇 第十辑 🍇

# 把你的承诺
# 送给我

给家长的备忘录：

　　别在匆忙中对我许诺。当你不能信守诺言
时，我会难过，也会看轻你以后的许诺。

　　每个人都或多或少许下过承诺，不管承诺是大还是小。但是作为家长，对孩子的承诺要慎重，只要是承诺的事情，就应该做到。如果实在做不到，要及时和孩子说明原因并道歉，注意不要伤害孩子的自尊心，"尊重"和"守信"也是父母应该给孩子树立的榜样。

　　虽然孩子还小，也许他们还不懂得什么是承诺，但是很多事情都是从小学起的，像言出必行这些很简单的道理，孩子们是可以无师自通的，父母不能认为孩子小就可以敷衍。

　　让宝宝们从小就懂得说到做到的含义，这样孩子才可能认真对待家长说的每一句话。

　　承诺得不到兑现的次数越多，孩子对父母的猜疑就越多，进而导致彼此的不信任就会增加，更严重的影响是，孩子也会养成类似的习惯，说话不负责任，答应别人的事情毫不放在心上。

　　相信这些都是家长不愿意看到的。

## § 你的承诺让我懂得责任

　　一个人对自己的言语负责，言而有信，这一点比万贯家财更珍贵。

　　在日常生活中，父母是否对自己的言行负责，会直接影响孩子的人品和性格的形成。

　　因此，家长不应该轻易对孩子许诺，一旦对孩子许下诺言，就要尽量去执行。如果实在由于一些原因，父母无法完成对孩子最初的承诺，应该找机会和孩子解释清楚，然后真诚地表明自己的歉意。如果有条件的话，尽量去弥补。

　　如果父母总是对孩子许下诺言，给他们希望和期待的同时，又带给孩子们无限的失望，孩子们便不会再听信父母的话，他们会认为父母在欺骗他们，更糟糕的是，孩子们也会效仿自己的父母，以相同的方式去对待别人。

英国著名政治家，查尔斯·詹姆斯·福克斯以高度的诚信行为在政界获得了较高的声誉。在福克斯小的时候，发生过这样一件事情。

有一次，福克斯的父亲打算把花园里的小亭子拆掉，想要再建造一个大一点的亭子。小福克斯对于这件事情非常好奇，他想亲眼看看工人们是怎么样把亭子拆掉的。于是他告诉父亲，拆亭子的时候一定要叫上他。

后来，正巧小福克斯要离家几天，临走时他再三央求着父亲，一定要等他回来再拆掉亭子。父亲随便敷衍了一句："好吧，等你回来再拆亭子。"

过了几天，小福克斯回到家中，可是旧亭子早已经被父亲拆掉了。他心里难过极了。

第二天吃早饭的时候，福克斯小声的对爸爸说："你说话不算数，我再也不相信你了。"

父亲觉得很奇怪，他早就已经将前几天说的话忘得一干二净了。

可是父亲听了儿子的话，前思后想，几天以后父亲终于想起了这件事情，他决定向儿子承认错误。

父亲认真地对儿子说："爸爸错了，我应该对自己说过的话负责任。"

于是老福克斯再次找来工人，让工人们在旧亭子的位置上重新盖起一座和旧亭子一模一样的亭子，然后当着儿子的面，把"旧亭子"拆掉，让儿子看看工人们是怎样拆亭子的。

福克斯父亲的言出必行，对他今后的成长起了关键作用。生活中的家长们，理应注意如下方面：

首先，家长不要轻易对孩子许诺。在日常生活中，父母要求孩子做的事情，一般都是他们应该做的，而且比较容易。如果没有特殊的原因，一般情况下，父母不要对孩子轻易做出许诺。一旦许下诺言，就要尽量去执行，不要让孩子失望。

其次，对孩子的承诺不能过于频繁。只要许诺就必须兑现，父母千万不能为调动孩子一时的积极性，不考虑主客观条件，就随意答应孩子的要求，如果事后兑现不了，会给孩子留下父母说话不算数的不良印象。

再次，承诺之后务必兑现。一旦家长答应孩子某件事情，就要自觉监督自己的行为，不能采取无所谓的态度，以免孩子无意识地模仿，影响孩子的健康成长。

## §　我想让你站在我的角度

每一位家长在教育孩子的过程中，都有自己的方式、方法。但是家长所认为的好方式，并不一定适合孩子。爱有很多种表现方式，有时候家长给孩子提供的，并不一定是孩子最想要的。

孩子们在父母的庇护之下成长，做家长的都会向孩子倾注毕生的爱，但是不恰当的爱，除了会给孩子带来压力外，还会成为他们成长过程中的绊脚石。

只有得到尊重、被平等地对待，孩子才能和父母建立相互信任，父母只有成为孩子的知心朋友，才能和孩子进行良好沟通。尤其是家长轻易对孩子许下诺言，又当成耳边风一样忘记了，看似小事，对孩子的影响却非常严重。

真心疼爱孩子，就要学会站在孩子的立场上思考问题，并以孩子的眼光来审视自身的行为。

相互信任是良好沟通的前提，父母与孩子之间更是如此，不信任会使孩子抵触父母，甚至产生逆反心理。因此，想要做个合格的父母，就要学会站在孩子的角度看问题，要尽最大的努力去获得孩子的信任。

露西四岁的时候迷上了植物，一天她对爸爸说："可不可以给我买一盆小花。"

爸爸答应了，第二天带露西去花卉市场买回一盆花，露西非常爱护它，每天想着给小花浇水、晒太阳。

后来妈妈要带露西去外婆家住几天，临走时露西对爸爸千叮咛万嘱咐，一定要照顾好她心爱的宝贝，爸爸随口答应了。

可是爸爸因为工作繁忙把给花浇水的事情忘记了，等露西回家后小花已经枯萎了。露西伤心地哭了好久，爸爸说可以再买一盆花给她，她摇着头不肯，她对爸爸说："你怎么能理解我的心情。"

爸爸见此情景，也深深地意识到自己错了，他主动和露西道歉，并安抚女儿的心情。

由此可见，很多在大人们看来微不足道的小事情，对孩子来说却是非常重要。

真心疼爱孩子的家长们，就应该有意识地站在孩子的角度去思考问题，努力做到以下几点：

一是永远对孩子保持真诚。在家长与孩子的相处中，尽量避免虚假。真诚还意味着向孩子敞开我们的思想和感受。如果孩子做了让家长不高兴的事，直接对孩子表露真正的感受，会比用隐讳的方式更好。

二是学会换位思考。如果我们立场不同难免观点会不同，站在不同的位置看到的是不同的风景。为人父母应该学会换位思考的方法和技巧，答应孩子的事一定要做到，要以孩子的思维和角度看待和分析问题，这样才能和孩子更好地沟通。同时，换位思考，才能了解孩子的真实想法，才能有针对性地教育孩子。

三是放弃作为家长的自我成见。我们都知道，大人和孩子的世界截然不同。如果父母硬要用大人的标准来要求孩子，势必会引起孩子的不满。因此，父母应该学会放下成见，试着用孩子的眼光来了解和认识他们。

父母和孩子之间是一种平等的关系，尊重和理解孩子，站在孩子的角度看待问题，才能赢得孩子的信任和友谊。

## § 你就是我最信任的人

家长们对这样的场景应该不会陌生，妈妈哄着宝宝说："宝宝乖，你在家听话，妈妈回来给你买糖吃。"结果妈妈办完事回来把对宝宝的"承诺"忘了；答应孩子周末去游乐园玩，可是到了周末很忙就去不了。长此以往，孩子还怎么相信父母的话？

家长并不是有意骗孩子，但是对宝宝说过的话不算数，孩子会很敏感。会激起他们的好奇心理去尝试和验证大人的话，等他们渐渐有了辨别能力，就开始不相信父母，这时，再好的教育也没有什么作用了。

虽然父母经常对孩子撒谎，但是基本上不会用相同的态度对待身边的成年人，因为诚信的道理大人们都知道。但是对待孩子，说话是否算数似乎无关紧要，父母们没有意识到，失信于孩子是一件危险的事情。

从小的方面说，父母失信于孩子会让孩子失望。成年人有很多机会可以满足自己，即便不能满足，也能通过自我调节去化解失望的心情。但是孩子不同，他们的愿望唯一而单纯，如果他们觉得父母欺骗了他，会很难过或者绝望。

更严重一点，父母说话不算数会让孩子对家长失望。在孩子眼中，父母就是天，孩子从心底里崇拜和依赖父母，特别是在 6 岁以前的孩子，父母的每句话都如同圣旨一般。

当孩子发现父母只不过是在哄骗自己，难免会感到失望，父母说的话都可以不算数，那世界上还能相信谁呢？这种恐慌会给孩子带来心理危机，而且由此引发对父母权威性的挑战，几乎可以说是具有颠覆性的。

曾经，有一位美国的富翁带着儿子在户外玩，他的儿子爬到一个高架上想往下跳。和大多数孩子一样，小家伙希望父亲能够接住他。

果然，富翁张开双臂做了个接住儿子的姿势，可是当儿子真的跳下去的时候，富翁却闪身躲开了。

摔在地上的儿子哇哇大哭，他不明白父亲为什么要这样做。

"让你摔这一跤，是为了让你学到一课，那就是：这个世界上有时就连父亲都未必信得过，何况是其他陌生人。记得不要轻易相信别人。"听完富翁的话，儿子哭着点点头。

也有另外一位父亲带着儿子在玩。他的儿子爬到了高墙上，想跳下去并让父亲在下面接住他，这时父亲给儿子讲起了富翁的故事。

讲完故事，这位父亲也伸出双臂对儿子说："来，宝贝，跳下来吧，爸爸会接住你的。"

可是听完故事的儿子，害怕的眼泪已经含在眼眶里了，他幼小的内心开始恐惧，甚至对父亲也产生了怀疑。

在父亲连声催促下，他的儿子流着眼泪、闭上眼睛跳了下去。他原以为自己会像故事里的孩子一样重重地摔在地上，但当他睁开眼的时候，发现自己安稳地躺在父亲的怀抱里。

看着儿子，这位父亲说："爸爸也想让你学到一课，那就是陌生人有时候也是可以相信的，何况我是你的父亲呢！"

如果家长没有真正平等地对待孩子，他们就会很容易对孩子不守信用，不把对孩子的承诺看成正式的承诺，进而让孩子也失去对自己的信任。所以在这两个故事中，后一位父亲的做法明显优于美国富翁。

有一项亲子调查，在"父母与子女中最重要的是什么"一问中，绝大多数父母的回答是"责任"，而绝大多数孩子的回答是"信任"。这背后即透露出了一个令人忧虑的现象——孩子常被父母欺骗，他们特别渴望家长能够言而有信。

那么，家长们在平时该如何注意自己的言行呢？

首先，要意识到家长的言行都是孩子模仿的对象。如果家长言而无信，日后孩子也就难以养成信守诺言的美德。因此即便只是承诺给孩子一件很小的事情，也要认真去做，不能认为是小事就忽略不计，不以善小而不为。

其次，家长们要珍惜孩子对自己的信任。这就要求很多家长要转变观念，不要觉得失信于孩子是小事。常此下去，失去的将不仅仅是孩子的信任，还会让孩子养成对别人不守信的坏习惯。

## § 你的失信，我不能理解

大量研究和实践证明，家长和孩子之间的良好关系，对儿童早期智能开发非常有益。然而，亲子关系并不像家长们想的那样简单。生活中，很多孩子和家长无法和谐相处的重要原因之一，就是家长们经常失信。

最常见的情况就是，家长满口答应孩子一件事情，过后却忘记了。当孩子发现时，内心除了难过之外，便是对家长失望后的不信任情绪。

还是来说说托比吧。

早上爸爸出门之前，托比对爸爸说："爸爸，不要忘记给我买回画板哦。"

爸爸说："放心吧，宝贝，在家要乖乖的听妈妈的话，等爸爸回来。"

这一天托比都满心期待地守在门口，他准备好自己的水彩笔，就等着爸爸回来。

终于到了傍晚，爸爸回到家，托比一下子扑到爸爸身上，大喊着："爸爸你终于回来啦，我的画板呢？"

爸爸愣了一下，说："今天爸爸没有时间……"

还没等爸爸说完，托比就哭了起来，边哭边说："爸爸，我恨你，你答应过我的事情不算话，爸爸是个骗子，不讲信用……"

爸爸一把从皮包里拿出画板，连忙对托比说："爸爸就算没有时间，答应托比的事情也一定要做到呀。"

看到爸爸拿出了画板，小家伙立即擦擦眼泪不哭了，高兴地拿着画板画画去了。

我们对待孩子，特别是越小的孩子，言行一定要一致，做家长的要给孩子树立一个守信的榜样，孩子才能做一个守信的人。

现实生活中，为了和谐的亲子关系，为了孩子们宝贵的信任，家长们应注意如下几个方面：

一是家长对自己的行为要有明确的判断，对许诺有一个正确的认识。家长在对孩子许诺前，应该考虑答应孩子的事情是否真的能够做到，遵守诺言才能带来信任，答应了孩子的合理要求之后，就应该尽全力去兑现，言行一致才能取得孩子的信任，和孩子建立理解和融洽的关系。

二是偶尔给孩子一些意外的惊喜。做个有心的家长，学会观察孩子，懂得孩子的心理需求，主动制造一些突然的惊喜，不仅会让孩子开心愉悦，体现家长对孩子的关爱，还能让孩子产生由衷的信任之情。

三是如果答应孩子的事不能做到，或者因为一些突然变化的情况不能实现，家长要对孩子说明原因，积极引导孩子做出让步，有必要时也应该向孩子道歉，寻找适当的时机完成自己的诺言，不能用威胁的方式让孩子服从。

## § 你是家长，也是好朋友

家长和孩子之间的关系，决定了孩子最亲近的人就是家长。但是，在现实生活中习惯失信于孩子的家长，却很难成为孩子最信任、最贴心的人。

生活中，孩子因为家长的权威而不得不尊重家长。但是当家长失信于孩子之后，孩子内心的很多话都不再愿意和家长提起。

有一次，幼儿园老师留了一个家庭作业：你最希望爸爸、妈妈为你做的一件事。

一个小男孩当场告诉老师："老师，我不要做这个作业，反正说了也没有用，爸爸、妈妈也不会做到。"

从这个小男孩身上，我们不仅看到了孩子的失望，也看到了孩子内心的伤感。

父母想要了解孩子，想要和孩子建立起互信的亲密关系，就应该做一个说到做到的人，让孩子觉得父母是说一不二的人，父母不会欺骗他们，只有这样，孩子才更愿意跟家长做亲密无间的好朋友。

托比从小就非常信任妈妈，因为妈妈从来不会哄骗他，妈妈对于托比而言，既是最亲近的人，也是最好的朋友。

有一次托比和小朋友们一起在外面玩丢石子，一不小心打碎了隔壁太太摆在花园里的小鱼缸，孩子们吓得一哄而散，托比也连忙气喘吁吁地跑回家。

妈妈见托比小脸跑得红扑扑的，就问他："发生什么事情了，告诉妈妈，好吗？"

托比犹豫了一下，对妈妈说："那……我告诉你，你不要告诉别人好吗？"

妈妈说："当然。只要是跟我说实话，不撒谎。"

"我们……不知道是谁打碎了隔壁太太的鱼缸，我们不是故意的。"

妈妈说："既然你们不是故意的，我相信隔壁太太不会责怪你们的，可是如果你们不承认错误，妈妈觉得是不对的。"

托比像小大人一样站在那里，思考了一下对妈妈说："那我去问问我的朋友们。"

说完就一溜烟地跑开了。

妈妈在窗口看见一堆孩子正在一起嘀咕些什么，过了一会他们一起去敲了隔壁邻居的门。

隔壁的太太笑着摸着孩子的头，把他们送了出来。

托比高兴地跑回家："妈妈，你没有骗我，太太真的没有生气，还表扬我们是好孩子呢。"

家庭教育无疑离不开家庭环境，在父母和子女的共同生活中，父母和孩子通过语言和情感交流来相处，相互信任是家庭教育成功与否的重要因素。

在调查中，一些教育专家发现，如果孩子对父母有特殊的信任，那么他们会把父母看成是自己的榜样，生活上的老师，感情上的朋友。同样，孩子也特别希望能得到父母的信任，可以像朋友一样和父母进行平等的交流。

这些都要求家长们，应想办法得到孩子的信任，跟孩子做好朋友，才能更好地教育孩子。

那么，家长们应注意些什么呢？

首先，学会对孩子宽严相济。父母既要和孩子做亲密无间的好朋友，也要对孩子严格要求，要善于从生活中发现孩子自身存在的问题，随时给予引导和指引。同时，尊重孩子的一切，给他们确实到位的帮助，让孩子得到安全感，从而获得快乐。

然后，用心体会和孩子做好朋友的快乐。和孩子做好朋友，不仅能更好地消除隔阂，化解跟孩子之间的代沟，也能让自己亲身体会到亲子朋友间的有趣和快乐。

## § 你就是我心中的那座山

　　为了赢得孩子的信任，家长要时刻注意树立正面形象。这要求父母在孩子面前，必须注意自己的言谈举止，尽量避免出差错，万一有差错也要坦率承认并及时改正，切不可为了家长的面子强词夺理。

　　通过社会评价让孩子了解自己的正面形象，也是家长们必须注意的。当称赞自己家长的话从其他大人的口中说出来时，孩子们会在心理获得一种自豪，进而提高对家长的信任度。

　　来看看露西的故事吧。

　　一次，妈妈送露西去幼儿园。她从口袋里拿出一张贴画交给妈妈，并对妈妈说："这是我最重要的东西，你一定要帮我保管好。"

　　接过露西的宝贝，妈妈心想：孩子就是孩子，看什么都是宝贝。于是她随手把贴画塞进了公文包，上班去了。工作之中，露西的妈妈需要腾空自己的公文包，露西不太起眼的贴画和一些旧名片被一同扔进了废纸篓。

　　过了几天，当一家人坐在沙发上看电视的时候，露西突然对妈妈说："妈妈，我上次交给你保管的宝贝贴画呢？"

　　此时，露西的妈妈才想起了贴画的事。她便找了个借口搪塞地说："我忘在办公室了，怎么啦？"

　　"我想把它和这些贴画放在一起，自己保管。"露西扬了扬自己的手。

　　她还神采飞扬地接着说："在学校里，只有表现好的小朋友每周才可以得到一张，老师说连续五次拿到贴画的小朋友就是最棒的"。

　　看着露西的样子，妈妈内心不安起来。

　　露西又试探着问妈妈："明天带回来，好么？"

　　"一定，别担心。"

　　露西松了一口气，双手搂住妈妈的脖子，亲了一下，而妈妈则内疚地久久凝视着女儿的小脸。

第二天一大早，露西的妈妈匆忙赶到办公室，可是保洁员早已把纸篓清理过了。为了不想让露西伤心，妈妈想办法跟学校联系，得到了老师的理解，悄悄地又要了一张一模一样的贴画带回了家。

当露西集齐 5 张贴画以后，她全部交给了妈妈保管。那一刻，露西的妈妈感到了女儿的信任，这也是女儿对自己最大的奖励。

露西的故事告诉我们，对于孩子的信任，家长容不得半点懈怠和疏忽，因为孩子尚年幼，一旦幼小的心灵受到伤害，亲情就会产生隔膜。在孩子的角度来说，他们还无法理解家长们的失信。

所以，家长们一定要了解宝宝对自己信任的重要意义，学会尊重和珍惜宝宝的这份信任，在任何时候都要主动维护自己在宝宝心目中的正面形象。

实践中，如下几点需要注意：

一是不要随便敷衍孩子。当答应孩子的事情没有兑现，孩子对自己失望甚至怨恨、不服气的时候，作为父母都应该理解，要从自身找原因。如果家长们经常说话不兑现，再对孩子提出什么要求的时候，孩子也会因为心里没准而用投机的行为来对待。如此下去，孩子自然不会健康成长。

二是父母要言行如一。生活中，许多父母对孩子的要求很严格，但是对自己的要求却相反。如一些家长总是言行不一，也就缺乏足够的底气去要求孩子做到言行如一。

三是用正面形象给孩子安全感。孩子的安全感很大程度上来自于对家长的信任。如果对孩子失信，无论家长解释得多么巧妙，都会让孩子失望，使得孩子不再信赖父母，从而失去安全感。而安全感显然又是教育孩子健康成长的重要前提，是关乎孩子一生的基本因素。

人们常说："责任重于泰山。"父母对孩子肩负着教育的重任，不要让孩子失望，成为孩子心里那座山。

# 你嘲笑，
# 我会很伤心

## 给家长的备忘录：

我害怕的时候，不要觉得我很傻很可笑，如果你试着去了解，便会发现我当时有多恐惧。

孩子们经常会问这样的问题："天空为什么是蓝色的？""小鸟为什么长着翅膀会飞？"

的确，这些问题有时让家长很难回答，也让一些家长朋友们觉得非常好笑。不过，作为家长来说，面对孩子的问题笑一笑混过去的态度是不可取的。尽管这些问题确实难以回答，但如果我们嘲笑或回避孩子的问题，屡次之后孩子就会失去发问的意愿。

与此同时，幼儿阶段的孩子似乎整天与恐惧联系在一起。这是孩子们成长的一个重要标志，表明他们已经开始对不熟悉的事物产生关注，探索能力在不断增强。

面对小家伙们看似无知的恐惧心理，家长们千万不要嘲笑，更不要指责他们不够勇敢，否则小宝贝们将会产生强烈的挫败感。

## § 你的玩笑，我会当真

有这样一个故事：

一只小鸭子在河里游来游去，但一整天都没有找到一条小鱼。

晚上月亮倒映在水中，明晃晃的，小鸭子见到水中的月亮，以为是一条鱼在游动，它兴奋地潜到水中去捉。

这一情景被其他的鸭子看到了，于是大家一起嘲笑它。

小鸭子觉得害羞极了，后来它越来越胆怯，以致在水里看到了真的小鱼，也不肯去捕捉，就这样活活饿死了。

嘲笑使小鸭子宁可饿死，都不再去捉鱼了，因为它害怕别人的嘲笑。

在日常生活中，小孩子们经常会问一些幼稚的问题，或者做一些幼稚的事情，做家长的往往会忽视孩子的自尊心，也许当时只是无意的嘲笑，但是孩子却会当真，幼小的心灵会因此而受到伤害。

有两个孩子都很害怕毛毛虫。

其中一个孩子的妈妈说："你可真是个胆小鬼，看你这副胆小的样子，一条毛毛虫你也害怕，我看你这辈子就这么点儿出息了……"

而另一个孩子的妈妈却这样和儿子说："孩子，毛毛虫是非常可爱的小动物，它也是出门来找妈妈呢，不用害怕，只要你不伤害它，它是不会伤害你的，宝贝最勇敢了。"

面对同样的一件事情，同样的意思，用鼓励或者嘲笑的口气说出来，效果大不一样。

当孩子感到恐惧的时候，有些家长不是安慰或鼓励，而是嘲笑孩子，这样做的结果是让孩子产生沉重的心理负担，非常不利于孩子健康成长。

父母嘲笑孩子，大多并不是出于本意，可能只是漫不经心，也可能是觉得孩子小题大做，但是这样的情况多了，孩子会对父母产生一定的成见，甚至产生偏激的思想和敌视的心理。

换位思考一下，如果是我们自己被人嘲笑，也会觉得不被尊重，因为大人们有自我调节的能力，对外界的抗干扰能力更强。但是孩子尚未成熟，对于来自家长们的嘲笑一时会难以招架，从而形成心理阴影。

不管是出于什么目的的嘲笑，也不管方式是怎样的，如果孩子感觉到大人是在嘲笑自己，大多都会手足无措，失去继续做或者说下去的勇气，甚至产生畏缩的心理，以致影响到宝宝们的健康成长，就像那只受伤的小鸭子。

有一天，托比的妈妈在家里说："这盆花怎么到现在还没开呢？是不是温度不够呢？"

小托比听到了这句话，于是自告奋勇地说要替妈妈照顾花。

过了一会儿妈妈发现托比把花盆放在装满了热水的盆子里，手里还拿着一杯冒着热气的水正往叶子上撒。妈妈有些生气，这样做花不是死得更快些？

而托比却兴奋地说："妈妈你不是说温度不够嘛，我正在它加温呢。可是，花的叶子怎么都蔫了呢？"托比用疑惑的眼神看着妈妈。

妈妈一下子被托比气笑了："你可真傻啊。"

话音刚落，托比的眼神变得暗淡了，妈妈也意识到自己说错话了。

转念一想，孩子多可爱啊，他本来是好心，只是他还太小，缺乏一定的生活常识。

于是，妈妈马上换了一种口气，对托比说："宝贝，你的想法太好了。开花确实需要很高的温度，但是花需要的温度不是热水，而是太阳公公发出的光和热。现在你的热水比太阳公公给的温度高太多了，所以小花的叶子承受不了啦。"

听到这里，托比才又开心地笑了，托比的妈妈做出了很好的示范。她用科学有效的行为方式告诉家长，对小孩子的嘲笑只会让他们对自身产生怀疑，给孩子们巨大的心理压力，极不利于孩子健康快乐地成长。

综合起来，当家长们面对孩子类似上述无厘头的做法时，不妨参照如下做法：

首先，尊重并肯定孩子的想法，切记不要嘲笑孩子。家长应该试着用孩子的眼光看问题，理解孩子们天真新奇的内心世界。即使孩子提出的问题、做出的事情是大人很难理解或者接受的，家长们也应本着真爱去试着接受。

其次，对孩子多用安慰、鼓励的方式，避免嘲笑孩子。在温暖中长大的孩子，亲子关系也会获得良性发展，会更加自信地面对漫长的人生。家长们要知道，如果自己换个角度和方式，可能会看到一个全新面貌的孩子。

再次，用真诚的爱去帮助孩子。孩子心智发育未成熟时，考虑问题都比较天真，而这也恰恰是他们创造力所在。这需要家长们学会用心去观察，面对孩子看似好笑的错误行为，进行必要的帮助和指点。长此以往，你会发现你的宝贝每天都在进步。

## § 耐心对待我的"十万个为什么"

很多家长被孩子的"十万个为什么"弄得哭笑不得，孩子似乎总是有着无尽的精力，每天都会有提出一些新奇的问题。

　　比如：有的孩子会问妈妈：西瓜为什么是甜的？药片为什么是苦的？太阳为什么要落山？为什么星星没有月亮大，为什么爷爷会长白头发……如此多的"为什么"让家长们很是头疼。甚至父母不明白为什么孩子们要有这么多的"为什么"。

　　一天早上天空下起了小雪，露西兴奋地跑来问妈妈："妈妈，快看呀下雪了，可是为什么会下雪呢？"

　　妈妈没有回答，却说："下雪天气会冷，你需要多穿点儿衣服。"

　　可是妈妈的一句话，又引出了露西一连串的问题。

　　"天冷为什么要多穿衣服啊？"

　　妈妈给露西解释了一下棉衣有保暖的作用。

　　接着露西又问："我穿棉衣过冬，小猫为什么不穿棉衣呢？它不怕冷吗？"

　　妈妈说："小猫身上有一层厚厚的毛所以冬天不怕冷。"

　　露西的小脑袋转得很快，又接着问："那小树怕冷吗？它身上也没有厚厚的毛啊？它会不会被冻死？"

　　妈妈费力地给露西解释了一番，大意是因为冬天树木要落叶，所以不会冻死。

　　妈妈以为这下能松口气了，谁知道露西反应特别快，很快就指出了妈妈的错误："松树不落叶，为什么冻不死呢？"

　　妈妈实在不知道该怎么回答了，不耐烦地说："你怎么那么多为什么啊？你怎么这么笨啊，不会自己先想一想吗？"

　　"我就是想不明白才问的嘛。"露西嘟囔着，不开心地撅起了小嘴巴。

　　生活中，有些父母对待孩子的问题往往敷衍搪塞，甚至视之为淘气。有时候是实在没有精力去应付孩子的"十万个为什么"；有时候是因为自己确实也说不出个所以然来，感觉被孩子问住了，便不耐烦地应对孩子；还有的时候是因为对孩子们新奇的发现，大人们早就见怪不怪了，所以实在没有兴趣陪孩子玩儿"问答游戏"。

　　孩子不断地问一些"没完没了"甚至"没法回答"的问题，家长往往会觉得孩子烦，有些家长甚至会觉得孩子笨，还有的家长认为孩子脑子不住正确的地方用，家长的这些反应和态度都会让孩子觉得自己受到敷衍甚至受到嘲讽。

渐渐地，孩子就不再喜欢对父母发问了。

爸爸和儿子正惬意地躺在沙滩上享受海风。

儿子："爸爸，你能告诉我为什么天空是蓝色的吗"

爸爸："天空就应该是蓝色的。"

儿子："可是，为什么应该是蓝色的呢？"

爸爸："哪有那么多的为什么，天空不是蓝色还能是什么颜色！你可真笨。"

儿子："爸爸才是大笨蛋"。儿子生气了，转过身不理爸爸了。

每个人小时候都会问到各种各样的奇怪问题，这不是啰嗦，不是幼稚，更不是笨，这一切都是孩子对未知的好奇。

有时候，孩子天真的问题也许让大人觉得真的很可笑。但是，这并不是父母可以用来嘲笑孩子的理由。有些问题如果家长真的回答不了，也可以坦诚地告诉孩子，而不能借嘲笑孩子的问题来回避自己的无知。

太多的实践例证告诉我们，嘲笑、讽刺或者挖苦，都会打击一个人的自信心，甚至让人感觉失去自尊。特别是幼儿阶段，正是培养自尊和自信的关键时期，家长们务必要格外小心，不仅不能嘲笑孩子，也不要拿孩子的"为什么"开玩笑。

## § 你的笑，会让我更不安

大多数小孩子的自尊心都很强，但是自信心不足，在孩子眼中，父母是他们最亲近的人，如果连爸爸、妈妈都嘲笑他，会让孩子觉得失去了依靠，在心理上产生不安全感。

托比三岁的时候，明显不再像以前那样"无知者无畏"了，他开始渐渐地有了恐惧，尤其是在天黑的时候。

妈妈并没有嘲笑托比的胆小，而是想弄明白为什么孩子会害怕。

"托比，告诉妈妈，你总是说害怕，可是你害怕什么呀？"

"嗯，我怕大狗，会咬我的！"托比说的时候一脸紧张。

"哦，原来托比是怕狗啊，还有别的吗？"

"我还怕大黑猫。"

提起大黑猫，托比似乎更紧张了，妈妈抱抱他，对托比说："可是我们睡觉的时候都是关着门的，小猫和小狗进不来，再说，到了晚上，他们也是要睡觉的呀"。

托比瞪大了眼睛问："真的吗？他们也要睡觉吗？"

妈妈拍拍他的小脑袋，说："是啊，妈妈怎么会骗你呢，那你今天乖乖睡觉好不好？"

托比点点头，放心地回到自己的房间，不一会就睡着了。

孩子们之所以会害怕某些外在的事物，大多是因为不够了解，或者一知半解，此时，如果做家长的耐心给孩子讲明原因，孩子内心的恐惧自然就没有了。

在成长过程中，学习勇敢和面对恐惧可能需要一段时间，当孩子们对一件事物感到特别恐惧时，家长们不要操之过急，也不要强求他们要立刻克服，否则可能会适得其反。

有一次托比做了噩梦，他哭着跑到妈妈的房间，说他看到一个巨大的怪兽，妈妈看到托比无助和惶恐的样子，温柔地拥抱了他，妈妈从来没有嘲笑过托比是个胆小鬼，即便是在事情过去很久之后。

有时托比会问妈妈："妈妈，我这么胆小，是不是胆小鬼。"

妈妈说："当然不是了，妈妈有时候也会做梦，也会像你一样感到害怕，有时候妈妈也怕怪兽呢。"

当孩子感到害怕，或者面临恐惧的时候，作为家长除了给予安慰，还可以让他们知道很多人都会有恐惧或害怕的经历，即便是父母也会有同样的感受，这样做会让孩子安心很多。

日常生活中，家长们可以参考如下内容：

一是不要嘲笑孩子的恐惧行为。任何心理活动都属于正常现象，我们不要嘲笑孩子胆小，或指责他们不勇敢，否则孩子会产生自卑心理甚至有挫败感。同时对于孩子的恐惧行为，我们应及时给予安慰，不能表现出不耐烦，更不要视而不见。

二是不要用吓唬的方法管孩子。有些家长为了让孩子听话，会使用吓唬的方法，例如："再不听话，大灰狼就把你叼走了！"可能这样做在短期内会起到威慑的效果，但同时也会给孩子留下心理阴影，增强他们的恐惧感，实在不是聪明的方式。

三是用自身行动给孩子示范勇敢。当孩子害怕的时候，家长们可以用实际行动告诉孩子不要害怕。比如：有些孩子害怕天黑，那么我们可以拉着他的手一起走，轻松地为他唱歌，用我们的情绪感染孩子。另外，家长们不要轻易在孩子面前表现出恐惧，因为这种情绪会传染给宝宝，让孩子感到更加害怕。

最后，每一个家长都有责任为孩子创立一个和睦的家庭环境。温馨的家庭氛围有助于消除宝宝的恐惧，给他们足够的安全感，让孩子们生活得快乐且安心，恐惧自然就会变少了。

## § 小心我模仿你去"嘲笑"别人

虽然孩子性格各异，但有一点却是共通的：孩子的一言一行都深受着家庭和周围环境的影响。

不管是教师，还是细心的家长朋友，都不难看到这样的场景：一些孩子经常会嘲讽别人，进而导致自己的人际交往出现问题。

这是什么原因呢？

已有的研究和调查表明，爱嘲笑别人的孩子，一般都有着以下几种原因：

一是家长的言行对孩子产生的影响。当一个家长在家在自己孩子面前议论邻居家的孩子不懂事、不讲卫生后，他的孩子再看见邻居家的孩子时，也会学着父母的样子嘲笑那个孩子，甚至会说出"你太脏了，一副傻样子，我才不要和你玩"之类不礼貌的话语。

二是家庭生活习惯让孩子有了较强的虚荣心。特别是一些家境富裕、父母较为疼爱下的孩子，很容易产生自傲的心理。若是家长再没有为孩子做个好榜样，孩子就很容易养成爱嘲笑别人的坏习惯。

杰克聪明活泼，非常讨人喜欢，可他总是嘲笑别人的小错误。比如：小朋友碰掉了课桌上的文具，或者打个哈欠之类的小动作，他都会开心地笑。

而且杰克不仅仅是笑，还毫不避讳，很多时候甚至夸大自己的笑声，故意让其他的小朋友都听到。

因为这个习惯，很多小朋友都和他打过架，不是小杰克自己被打了，就是别的小朋友被他打哭了。任凭父母怎么调教都无济于事，他总是不断地重复着自己的错误行为，父母也真是伤透了脑筋。

一次，老师将杰克的家长叫到幼儿园，小杰克又因为嘲笑别人和人打架了，老师让家长反思一下，是否日常生活中给了孩子错误的行为暗示，才致使孩子总是喜欢嘲笑别人。

杰克的爸爸、妈妈回想起来，自己确实经常嘲笑孩子的一些无厘头行为。如杰克不小心摔了一跤，或者做错一些事情之时，他们就会在无意中取笑杰克。正是大人们的这些无心的行为，给孩子塑造了极坏的模仿对象。

那么，如何克服孩子嘲笑别人的行为呢？父母可以参考如下建议：

第一，父母要像前文讲过的那样，学会尊重孩子。在教育孩子的过程中，只要家长们有了尊重孩子的意识，就会主动避免对孩子有嘲讽、不屑的眼神和态度。同时，家长要时刻提醒自己以身作则，不要嘲笑或者议论别人，为孩子树立起良好的效仿榜样。

第二，家长要帮助孩子树立正确的是非观，懂得尊重别人。此时，家长们要有意识地带动孩子学会换位思考，尽可能站在别人的角度看问题，体会对方的感受。时间一长，孩子就不会养成以自我为中心的习惯，更不会用嘲笑去伤害别人了。

第三，及时制止孩子嘲笑别人的行为。当发现孩子嘲笑别人的时候，不能置之不理或者放纵孩子，而是要用正确的教育方法引导他们，制止孩子行为的继续。同时要对孩子进行言传身教，帮助他们不断地修正和完善个性。

## § 把 你 的 嘲 笑 换 成 鼓 励 吧

如前所述，一个人的自尊和自信基本是在幼儿时期培养起来的。在这个特殊阶段，家长们一定要清醒地意识到，嘲笑就像讽刺和挖苦一样，很容易让人失去自信，进而失去自尊。

因此，家长们不仅不能嘲笑孩子，还要及时地把鼓励送给他们。

没有人是完美的，何况是孩子。

小孩子的自尊心很强，自信心却明显不足。如果连孩子最信任、最亲近的人的父母也嘲笑自己，孩子会觉得自己失去了依靠。

有这样一个故事。

一位年轻的妈妈去参加家长会，幼儿园老师说："您的孩子在板凳上连三分钟都坐不了，我们觉得他有多动症，你们最好带他去医院看一看。"

回家的路上，儿子问妈妈："妈妈，老师都说了些什么，有没有批评我？"

妈妈内心很矛盾，整个幼儿园小班有30位小朋友，只有她的儿子表现最差，但是妈妈对儿子说："当然没有了，相反老师还表扬你了呢，说你原来坐到板凳上就乱动，现在能安静地坐三分钟了呢。老师表扬你进步了，很多妈妈都羡慕我呢。"

那天晚上，小儿子高兴极了，回到家吃的饭都比平常更多了一点。后来老师告诉这位家长，孩子已经表现得越来越好了，很少有调皮捣蛋的时候。

同样一件事情，家长采取不同的方式，就能得到不同的效果。多用安慰和鼓励，少用嘲笑和责备的方式，才能增强孩子的自信心，从而让他们更勇敢地面对自己的人生和成长。

在人的一生中，0-3岁是学习和探索的最初阶段，对孩子来说，很多东西都是那么新鲜有趣，都好奇地想去尝试一下。同时，因为对很多东西不理解，也难免会犯错。比如：弄翻了家里的盆栽，摔坏了爸爸的眼镜，不小心毁掉妈妈的化妆品，在幼儿园调皮捣蛋……

在父母们看来，这些行为都是那么的令人发指，可是孩子们却乐此不疲，他们看到自己一手造成的混乱场面，常常还很开心。

特别是面对可爱又淘气的孩子，很多家长难免会感到厌烦甚至愤怒。此时，家长们应提醒自己，每一个人都是这样成长过来的，任何一个孩子都避免不了这个阶段。当父母放平了自己心态，面对孩子的态度就会转为积极，言行上也会多了鼓励，少了嘲笑。

所以，结合大量的育儿经验，如下内容可以作为家长们的参考：

其一，面对孩子尽量采用多元化的表达方式。孩子的年龄越小，父母对待他们的方式就更要多元化，运用简单、易懂的方式来引导他们。比如：鼓掌、微笑、拥抱和眼神的交流，多说表扬和正面的词语，让孩子感觉到温暖和鼓励。

其二，不要让孩子感觉到你的鼓励是敷衍。来自父母的鼓励是孩子最贴心的礼物，但所有的鼓励和赞美都应该是发自家长内心的。如果家长的鼓励更像是敷衍，或只是随便说说，孩子会因此对大人产生质疑，甚至是不信任。

其三，充分发挥鼓励的语言力量。语言的力量是神奇的，大家都懂得，一句话可以毁掉一个人的信心，甚至打破他的希望；同样，一句话也可以鼓励一个人走出低谷，甚至给人新生。对于懵懵懂懂的幼年孩子，来自于最为信赖的家长鼓励的语言，其力量就更为神奇了。

总之，亲爱的家长朋友们，不要再吝啬你那鼓励的话语，也不要再浪费你那信任的眼神，只需要你的一件力所能及的小事，或是你一个真诚的表情，你的宝贝或许就能激发出无法预料的潜能呢。

# 请 给 我
# 沉 默 的 权 利

给家长的备忘录：

我现在还不能把事情解释得很清楚，虽然有时我看起来挺聪明的。

孩子"沉默"的时刻无疑是家长最头疼的时候。

有的父母说："每次问孩子而他不肯说话的时候，我就很着急。"

"怎么问他都不说，不知道他心里怎么想的。"

"不管怎么问，孩子就是闭口不说，真是太让人着急了。"

很多家长都觉得，小孩子是没有秘密可言的。问什么，孩子就应该回答什么。如果孩子的回答可以让人满意，家长自然会高兴；反之，情绪马上由晴转阴，轻则责骂几句，重则体罚孩子。

在这种情况下，宝宝们就不敢开口说话了，尤其是犯了错误，他们更怕家长的责罚，从而选择沉默。可是面对孩子的沉默，家长往往会更生气，然后开始斥责孩子，这样孩子就更不敢说话了。

小孩子能够看懂大人的脸色，当他们觉得情况对自己不利的时候，就会选择沉默，作为家长，面对孩子的沉默，不能着急，要心平气和地跟孩子沟通，不要强迫孩子。

## § 我沉默，因为我在思考

有这样一个故事。

有一位睿智的老人住在一个偏僻的小山村里，很多孩子很喜欢她，经常围着她问这问那的，老人也愿意耐心地给孩子们解答。

在这群孩子中，有那么一两个特别淘气的家伙。有一天，有个小男孩抓到了一只小鸟。

男孩手捧着小鸟，招来一群小朋友开心地说："我们去捉弄一下老奶奶好不好？让她猜猜我手里有什么，再问她小鸟是活的还是死的。如果老奶奶说是死的，我就松开手让鸟飞走；如果她说是活的，我就把小鸟捏死在手心里，这样不管她怎么回答都是错的。"

其他的小朋友们都觉得很有意思。于是他们一起进了老奶奶的小屋，大声喊道："老奶奶，我们要问您一个问题。"

那个调皮的小男孩问道："您猜猜我手里的是什么？"

老奶奶回答："肯定是只小鸟。"

小男孩笑了，接着问："那再猜猜是活的还是死的呢？"

老人沉默了一下说："是活还是死，我想是由你决定的。"

小家伙们一下子都愣住了，半天后他们终于决定把小鸟放飞了。

显然，老奶奶的一句"由你来决定"让孩子们在沉默中有了思考，这种无形的自我教育意义非凡。

老人的高明之处就在于此，她让孩子们在沉默中进行自我教育，通过自己的思考他们不仅仅放走了小鸟，更重要的是他们懂得了不能随便伤害小动物，相信他们以后也不会在去伤害那些可怜的生命，在沉默中孩子们学会了对于生命的怜惜与尊重。

老人明白沉默的含义，同时她把握住了教育的真谛，教育的时间和空间都应该留给孩子们自己，有些思想并不需要语言表达，因为有些教育是比语言更深刻的东西。

比起普通的大人们经常要问孩子们的"你现在感受怎么样？""你想说些什么？""你告诉我现在该怎么做？"等，老人的方式显然更深刻。

一位教育家曾说："教学的艺术不在于传授本领，而在于激励、唤醒和鼓舞。"而教育实践也证明，让孩子适度沉默，能够给孩子们思维足够的深度和广度。

所以，面对一些事情，家长应该像老人那样有意地唤醒孩子的思考意识，让孩子们自己决定选择怎样的方式。

一方面，主动给孩子沉默思考的时机。与勤动手一样，思考也是孩子们成长过程中的必然需要，它能够让孩子得到更多的感悟和体验。有思考就必然会有沉默，家长们也应该学会尊重孩子沉默的时间，甚至主动给他们创造沉默思考的机会。

另一方面，积极引导孩子善于观察和思考。培养孩子独立思考的能力，可以让孩子在日常生活中更善于发现问题，并养成独立思考问题的习惯，不简单地就事论事。

## §"非说不可"让我更紧张

当孩子遇到事情的时候，表现出畏惧甚至是退缩、不愿主动尝试，同时也不表达自己的想法和观点，那么，也许孩子存在一定程度的胆怯。

如果确实出现这种情况，做家长的也不必紧张，更不要给孩子贴上"胆小鬼"的标签，因为这样不仅不能解决问题，还会让孩子更加不愿意说话。

可想而知，在孩子已经面临困惑的时候，做父母的如果大声指责、嘲笑孩子，无疑是雪上加霜。正确的做法应该是想办法去帮助孩子克服胆怯，让孩子勇敢起来。

因为孩子一时的胆怯家长们就大肆批评，这不但会强化孩子的胆怯行为，而且会伤害到孩子。

小孩子的情绪没有大人那么稳定，高兴的时候隐藏不住笑容，生气时便会耍脾气对谁都爱答不理，这都是孩子们正常的情绪反应，父母既然爱孩子，就要给孩子低声说话或保持沉默的权利。

在谈到孩子不爱说话这件事情上，很多父母都忧心忡忡，担心孩子不喜欢说话，将来无法很好地在社会上立足；担心孩子内心有委屈，不会保护自己；甚至担心孩子的胆小沉默会使他们无法面对激烈的社会竞争。

可怜天下父母心，父母的忧虑完全可以理解，但是，我们对胆怯的认识有失偏颇。

家长需要用孩子能够接受的方式来对待他们，站在孩子的角度思考问题，用孩子的标准去判断或者衡量他们。

孩子不敢大声说话并不一定代表胆怯或者自卑，大声呼喊也不一定代表勇敢和自信，每个孩子都有自己的个性和特点。孩子对周围环境的认识有一定局限性，暂时回避和退缩在所难免。只要胆怯没有剥夺孩子的快乐，不会使孩子失去自信，同时没有阻碍孩子的求知和探索，在一定限度内，这些都是可以理解和接受的。

幼儿园中班有个小女孩很聪明，但胆子很小，不爱说话。不论老师怎么问，她都只是点头或者摇头。面对这些情况，老师找到她的家长了解了一下情况，原来小女孩曾经遇到过一个非常严厉的老师，孩子本来年纪小，对老师有着某种天生的敬畏，在此基础上，如果老师还过于严厉，更是会让小孩对他们产生恐惧心理。

于是，第二天的一大早，老师就到学校门口等她，从妈妈手中笑着牵过她的小手，并摸摸她的头说："你来得真早，是我们班的第一名哦，可以当小标兵了。"

小女孩没有说话，但是老师还是看到她的嘴角露出一丝不易察觉到的笑容。

上课的时候，老师对大家说："今天老师要颁发两朵小红花，一朵发给今天来学校最早的小朋友，一朵发给今天最勇敢的孩子。大家猜猜会是谁呢？"

当老师把小女孩领上讲台的时候，小姑娘开心极了。

中午吃饭的时候，小女孩第一次主动来找老师，小声地说："老师，我今天很高兴。"

老师露出了欣慰的微笑，对她说："老师知道你非常聪明，是个非常听话的孩子，老师和同学都非常喜欢你。以后在你愿意的时候多和大家说说话，你能做到吗？"她高兴地点点头。

在生活中，家长面对不爱说话的孩子的时候，不要用强硬的方式去对待孩子，具体怎么做，可以参考以下方法：

首先，多用鼓励的方式去消除孩子的紧张感。胆小的孩子很容易"默默无闻"，被大家忽视甚至歧视，从而产生自卑心理。同时，越是自卑的孩子越不敢说话，进而导致恶性循环。当面对胆小的孩子，父母要耐心、温和，可以试着告诉孩子："没关系，爸爸、妈妈都爱你，我们会帮助你的。"从家长们这样的话中孩子能够感受到关爱和信任，从而有效地消除自卑情绪。

其次，多创造机会让孩子和同龄人接触。家长们可以多请邻居家的小朋友到家里玩，或者让孩子参加夏令营等活动，和同龄人在一起，孩子的个性可以尽情展露，无所顾忌，这样孩子就不会害怕与人交往了。另外，还可以多交给孩子一些"任务"，比如：给亲朋好友打电话，接受邮递员送来的快递，外出旅游时询问坐车路线等，这些都是能够克服孩子胆怯的好办法。

天下没有教育不好的孩子，只有不懂教育的家长。在教育孩子的路途上，家长朋友们可以说任重而道远。

## § 胆怯时，我会选择沉默

宝宝不爱说话总是能急坏了父母，但是作为家长应该知道，尽管宝宝们看起来挺聪明的，但是他们毕竟是小孩子。宝宝喜欢沉默，不说话有很多原因，有的是由于宝宝不喜欢表达；有的是因为性格内向或者孤僻；有的宝宝说话比其他孩子晚，口齿不清害怕被大人笑话；还有的因为经常受到父母的指责，害怕开口说话。

小孩子遇到陌生人或者到了不熟悉的环境，难免会觉得不安和害羞。他们也会担心自己说错话，不知道该如何行动，因而采取退缩和封闭自己的方式来应对这样的场合。

但是作为家长，必须要了解孩子的个性，明白害羞是自然的事实，不用太过担心也不必操之过急，用鼓励的方式而非逼迫孩子去改变，全然接纳孩子的个性。当孩子害怕开口的时候，要多多地鼓励和引导，让孩子勇敢向前走一步。同时，在孩子有改变的时候，不论他们表现如何，都要及时赞美他们的进步与勇气。

幼儿园开学第一天，总有一些孩子不能适应离开家的生活，妈妈带着儿子走进幼儿园，可无论老师怎样说都不能让小家伙停止哭泣。

小家伙双手紧紧抱住妈妈的脖子，哭得伤心极了。

后来几天早上，虽然孩子被迫接受了要上"幼儿园"的事实，但仍一言不发，保持沉默。

一天上课的时候，老师组织孩子们画画，主题为"我的家"，并启发小朋友们把家里所有的人都画出来，让老师认识一下。

小男孩终于动笔了，他画出了奶奶和外婆的样子，看到孩子用绘画这种方式说出了自己的心里话，老师觉得对他来说是个不小的进步！

接着，老师鼓励别的小朋友和小男孩一起玩，并且有意识地给他更换邻座的伙伴。渐渐地，小男孩的话就开始多了起来，每天来上学也不哭了。

在这种和谐和欢快的环境中，孩子感受到了朋友和老师对他的关心，并觉得自己受到了尊重，在老师的鼓励下渐渐改变了原来不愿与人交流的缺点。

其实，面对孩子暂时的沉默寡言，家长不用太过紧张，要循循善诱。有些小孩子因为胆怯的心理直接影响了他的行为和能力，特别是面对新的环境或者一些突发的事件，孩子往往会恐惧和担忧，对事物缺乏正确的认识，自信心不足，因而害怕表现或参与。

实践中，克服孩子胆怯心理时家长们可以从以下三方面入手：

首先，家长应该学会尊重孩子，把孩子当成独立的个体。当他们的言行不符合家长的期待，也不能总是以否定的态度去对待孩子，这样只会加重孩子的胆怯心理。因此，做父母的要努力为孩子提供温馨的生活氛围，只有如此，才能建立起孩子的自信心和安全感，克服胆怯，健康成长。

其次，社会交往对于克服孩子的胆怯心理起着举足轻重的作用，家长应该尽量为孩子创造人际交往的氛围和机会。让孩子由被动应对变主动交往，不仅仅与同龄人交往，还要与成人交往，彻底克服胆怯心理。

最后，父母的教养态度和方式对孩子人格的形成有重要作用，是孩子成长过程中最有影响力的因素。因此，要克服幼儿的胆怯心理，必须要家长和幼儿园配合起来，才能达到更好的教育效果。父母在家应与孩子沟通，为孩子创造一个可以畅所欲言的环境，当孩子不害怕的时候，必然什么都敢说了。

孩子的自信心通常是建立在愉快的经验之上的，因此父母应该尽量创造让孩子表现的机会，增强他们的自信，从而战胜胆怯心理。

不做虎妈　不做狼爸

## § 我沉默不语是为了诚实

"期望效应"理论告诉我们：成人的期望能够决定孩子对自己的评价，从而决定孩子的行为方式。

在处理一些棘手或者两难的问题时，成年人也会经常保持沉默，但很多家长却忽视了孩子也有保持沉默的权利。当孩子回答家长的问话时，即便我们对回答不满意，也不能轻易说孩子不诚实。由于孩子年龄小，有些事情确实说不清楚，但家长非要逼着孩子说清楚，出于被动和无奈，很多孩子只有撒谎了。所以，有时孩子的沉默，恰恰就是一种诚实。

家长们在面对沉默的孩子抓狂的时候，完全可以这样说："好孩子，妈妈知道你很诚实，不愿意说谎，但是你这样不说话妈妈完全不知道发生了什么，这样吧，等你想好了怎么说再来告诉妈妈。"

教育实践告诉我们，家长首先要把孩子定位在诚实的基础上，如此孩子就会对自己诚实的品格认可越来越深，同时会自觉按照诚实孩子的标准要求自己。这是孩子自我满足欣赏的心理需要。当孩子认可了诚实，就不会害怕跟父母说实话了，进而也就不再"保持沉默"。

四岁的丽莎一直寄养在外婆家，爸爸、妈妈商量后决定将孩子接回来自己带。小姑娘回家以后觉得什么都新鲜，但是每次犯了小错误都不说话，家长怎么问都不说，就是低着头。

一次，丽莎不小心打坏了水杯，妈妈听到声响走过来，小家伙早就跑到自己的房间里去了。妈妈来到丽莎的房间，问她："丽莎，你知道是谁把水杯打翻了吗？"

丽莎低着头，不肯回答。

还有一次，爸爸刚回家看见妻子在清理鱼缸，原因是女儿过量喂食把鱼都撑死了。丽莎还是像往常一样不肯说话也不肯承认，这时爸爸叫出女儿，对她说："没有鱼的鱼缸才更了不起呢，看看，我们丽莎做到了。"

丽莎一下子瞪大了眼睛，噗嗤一声笑出声来。

爸爸说："怎么样，要不要跟妈妈一起清洗鱼缸呢？"

当然她非常愿意，用海绵和毛巾跟着妈妈一起干起来。

晚上吃过饭，丽莎对爸爸、妈妈说："星期天我们再去买两条漂亮的金鱼好不好，我知道不能给它们吃太多了。"

在日常生活中，小孩子做错事是常有的事，关键是要让孩子有一个轻松和安全的环境，并思考自己错在哪里，很多时候孩子不敢说话是因为害怕，他们无法预知自己承认以后的结果，此时父母要做的不是逼孩子开口，而是给他们更多的安全感。孩子也懂得权衡，当他们觉得说谎和沉默没有用，和父母说出实情也并不可怕的时候，自然会改正。

综上所述，生活中的家长们应注意：

其一，面对孩子的沉默，家长大可以采用"沉默型"教育，有时甚至能达到事半功倍的效果。家长要求孩子做到的，自己首先应该做到，用无声的榜样力量去影响孩子，"不令而从"的效果自然就能达成了。孩子会感到父母身上有一种力量，他们更愿意跟随父母的脚步，效仿父母的行为。

其二，某些错误不能姑息，必须加以严肃的警示。如果孩子喜欢欺负弱小，一旦放任就难以收拾了，但是有些生活上的小错，大可不必呵斥。父母在批评和劝诫孩子的时候，最容易犯的毛病就是当众批评孩子，这样很容易伤害孩子的自尊心，导致抵触情绪。因此，用沉默来代替斥责，反而可以达到理想的教育目的。

## § 说与不说，就让我做主吧

随着孩子不断成长，他们的需求早已不再局限于是否有好东西吃，是否有人陪着玩这么简单了，他们也开始需要自己的私人空间，希望自己有权利决定或者否定一些事情，他们不再喜欢所有事情都由父母来规划或者决定。

"尊重儿童的权利"在家庭教育中的分量变得越来越重要，孩子的各种表现也时刻提醒着家长：应该最大限度地给孩子一些权利，比如：保持沉默的权利。

　　父母总是喜欢给孩子表达想法的权利，却忘记了同样也应该给孩子保持沉默的权利，当孩子不想说，或者不知道应该怎么说的时候，家长们不应该逼迫孩子，而是要给孩子一些时间，或许有些事情他们觉得自己能够解决，不必告诉父母，或者他们暂时还不想告诉父母，这时候，父母应该尊重孩子，不应强行运用家长的权威，让孩子"非说不可"。

　　4岁的托比已经越来越有主见了。

　　一次托比在外面跟邻居家的孩子一起玩，回家后就变得闷闷不乐。

　　妈妈问他怎么了，小家伙就是气呼呼的不肯说。

　　妈妈再问，他却回到自己的小房间，锁上了房门。

　　这个时候，妈妈并没有步步紧逼，让小托比非说不可，见他锁上了门，也就没再理会他，去做自己的事情了。

　　过了一会小托比走出房间，妈妈见他还是不高兴。

　　就对他说："你还好吗？有什么不开心的愿意和妈妈说说吗，说不定我能帮你拿个主意呢，但是如果你不愿意说，我也不会强迫，妈妈相信你能解决好自己的问题。"

　　托比点点头，过了一会还是忍不住和妈妈说了他和小朋友吵架的前因后果。

　　最初孩子对父母都是完全的依赖，但是随着自我意识的成长，孩子慢慢感觉到权利的存在。开始希望能自己掌控一些事情，这种自觉是每一个人的本能，父母可以压制它，也可以鼓励它。

　　4岁的孩子已经有了自己的思维和想法，即便有些事他不确定该怎么做，但他会思考，会效法父母的模式，但是不喜欢被命令和告知，家长应该给孩子机会让他们自己去修正自己的轨道。

　　实践表明，在可接受的范围之内，家长可以尽量给孩子一些权利，让他们自己决定要不要把发生的事情告诉父母。这才是教育双赢的做法。

　　综上所述，家长们在实践中应努力注意：只要不是什么原则性的事情，父母要学会放下家长的权威，尊重孩子选择的权利，给他们选择说与不说或者什么时候说的权利；同时，要将不论发生什么事父母都会帮助他的观念灌输给孩子。

第十三辑

# 我需要你，
# 但不是全部

给家长的备忘录：

别对我暗示你永远正确、无懈可击，当我发现你并非如此的时候，那对我将是一个巨大的打击。

父母在孩子的眼中，就如同一座伟岸的大山，是最放心的依靠，父母的爱能够给予孩子一切，是他们拥有所有幸福美好的基础。

而在父母的眼中，孩子是希望，同时是也是生命和理想的延续，每对父母都想给予孩子一生一世的爱，为他们提供最好的成长环境，把孩子培养教育成为一个最好的人，将来得以成就更大的理想。

但是每一个孩子的成长都是在磕磕绊绊中完成的，孩子犯错是常有的事，但是人无完人，世界上没有永远正确的家长，因此不要对孩子暗示自己永远正确，当并非如此的时候，孩子对父母的信任将会倒塌，将不利于父母再管教和教育孩子。

## § 有些事情我想自己做主

父母教育孩子，有的选择轻轻松松的让孩子获得更好成长；有的则是劳累烦心，对孩子照顾得无微不至，并事事为他们代劳。父母对教育方式的选择，会决定孩子日后的能力，家长是希望让孩子信心满满迎接生活，还是躲在大人的身后依赖呢？

这个结果，显然掌握在家长的手中。

身为父母，不必所有时刻都事必躬亲，尤其是在孩子小的时候，多给孩子一些自由，能够激起孩子行动的活力，这也是用一种无形的语言告诉孩子：你能行。当然这样做，并不是我们不管孩子，只是在寻找一种更好的方式教育孩子罢了。

虽然孩子年纪小，但是家长如果对孩子颐指气使，也会让小家伙内心里不舒服。实际上，孩子能够从家长对待他的态度和方式上，学会如何对待他人，包括日后回馈自己的父母。

西西和小表妹每到放假的时候就聚在一起玩儿。

在两个小姐妹做游戏的时候，妈妈不经意间发现了一个现象：很多时候做姐姐的西西都在被妹妹的命令左右着，跑东跑西，做这做那。

妈妈假装不在意地悄悄问女儿："为什么你要服从妹妹的命令啊。"

西西说："妹妹说得对，当然听她的。"

可是经过很多次观察妈妈觉得这不是主要原因，不得不承认，在坚持主见方面，小表妹远远超过了西西。

比较一下两家家长的教育情况，不难发现，小表妹的爸爸、妈妈平日里对孩子比较宽松，孩子相对比较自由，在学校里也不太会害羞。而西西从小就很胆小，父母管教严格，她什么都听爸爸、妈妈的话，自己从来不拿主意。

从一件小事上，妈妈对自己的育儿方式开始了反思。

一天两个妈妈带着宝宝们去逛街，到了玩具市场，小表妹挑了一款毛绒狗，西西挑了一个芭比娃娃。

妈妈对西西说："家里不是已经有芭比娃娃了吗，不要买了。"

西西虽然不情愿，但是还是放下了手中的玩具。

小表妹相对来说就很坚持自己的意见。

走出市场，两个孩子的神情完全是两样的，小表妹拿着她的绒毛狗神采飞扬，高兴极了，而西西无精打采地走着，一副很不开心的样子。

突然间，妈妈感到了一种说不出的感觉，可能正是由于妈妈这种习惯性的命令，经常强行替孩子做主的方式才造成西西的胆小和懦弱。

因为妈妈总是坚持己见，西西渐渐就没有了自己的主见。其实，如果不是原则性的问题，家长还是可以让孩子自己做主的，有时"无为而治"是更好的一种选择。

给孩子一定的自由，也许父母们会觉得，孩子们自己作出的某些决定是幼稚或者"愚蠢"的，但这也是他们童年快乐的一个重要部分。作为家长，要注意反思自己，对待孩子时候是不是过于强势。

那么，家长们该如何反思呢？

首先，把孩子当成朋友。很多时候，孩子的思想不够成熟，遇到事情不知道如何去做，这时父母不应太过武断，凡事替孩子做主，可以给孩子一些建议，引导他们自己作出决定，这样有利于孩子形成正确处理事情的能力，并成为一个有主见的人。

其次，不要强势地代办孩子全部的事情，给孩子适度选择的权利和自由。家长太过强势，孩子往往会没有主见，虽然家长都是出于对孩子的爱，希望能为孩子安排好一切，却没有意识到，这样做不利于孩子养成独立的习惯。

## § 请别用"大人"架子强制我

家长与孩子的沟通是一门艺术，倘若父母总是把自己的意愿强加给孩子，认为自己永远正确，不懂得平等和尊重，而只是一味的强制，那父母和孩子之间的代沟会越来越深。

5岁的杰夫说自己的父母很霸道，什么都要听父母的，他一有不服从，爸爸、妈妈就会说他在顶嘴。每次他想说话的时候，父母总是先说一通大道理，之后摆出一副"我是大人"的架子，这让杰夫很不舒服。

对孩子的引导是很重要，但是引导不等于强制。

每个人都不喜欢别人用命令的口吻跟自己说话，孩子也不喜欢。孩子更不喜欢父母觉得自己永远正确，而自己却永远没有发言权。

在与孩子交谈时，应该避免命令式的语气，尽量用商量的口吻，平等的方式和孩子进行交流，这样才能培养健康和谐的亲子关系，营造良好的家庭氛围。在这种环境中成长的孩子，性格也会更加健全。

有一次，妈妈给托比两美元，要他去附近的便利店买东西。一个5岁大的孩子，很容易被其他事情吸引，于是托比一不小心就忘记了自己的任务。

在楼下有不少孩子在踢皮球，托比看着入了神，很久以后才想起自己是要去买东西的，却发现自己不小心将妈妈给的钱丢了5美分，于是他只能用剩下的钱买回妈妈需要的东西。

回家之后，妈妈很想责备托比的不小心，但是思考了片刻，妈妈的脸上还是露出了笑容。

"托比，你做得很好，虽然丢了 5 美分，可你还是帮妈妈把东西买回来了。但你下次要吸取教训啊，以后你还要帮妈妈做更多的事情呢。"

托比开心地答应了。

试想一下，如果妈妈很生气地责怪了托比，小孩子可能会觉得很委屈，同时对自己失去信心，以后也就不会信心满满地去做一件又一件事情了。

做家长的会发现，当宽容孩子的缺点、脾气变得温和的时候，孩子会变得更加积极，家庭也会有更多的幸福和快乐。

有一天，托比躺在床上看图画书，妈妈怕他伤害眼睛。想教育教育他，可是放下手头的报纸，才意识到自己也是躺在沙发上看报纸的。

这时妈妈就想：如果我自己都做不好，怎么可以教育孩子呢？

于是妈妈走过去对托比说："宝贝，你看，妈妈和你一样，也喜欢躺着看书，现在都要带近视镜了，很不舒服，咱俩一起努力，纠正坏习惯，好不好？"

托比看着妈妈，小脑袋不知想了些什么，很快就回答说："好。我们都不躺着看书了。"

试想一下，如果妈妈当时直接批评托比会有怎样的结果？

他会说："为什么你可以，我就不可以。"

这样，不但破坏了妈妈的权威，也阻断了对孩子的良性教育。

没有不会犯错的孩子，更没有不会犯错的父母。当自己和孩子一样"犯错"的时候，家长不应该一味地指责和批评孩子，而是应该善待差错，宽容孩子的过失。

首先，反思自己的教育方式和行为方式。倘若自己没有给孩子树立好的榜样，又怎么去责备孩子呢？

其次，家长要重视教育方法，选择正确的教育方法才能让孩子终身受益，反之则会让孩子受害，影响孩子的一生。

### § 你 的 爱 有 可 能 成 为 我 的 束 缚

当孩子还在腹中孕育的时候，父母就开始设计孩子的人生了，想象着自己的孩子会成为世界上最幸福、最优秀的人。

家长们固执地认为，望子成龙望女成凤才是对孩子最负责任的爱。所以从孩子很小时候，就希望孩子沿着自己设计的人生轨迹发展。但是，随着孩子一天天长大，很多父母发现，教育孩子并不像自己想象的那样简单。因为，每个孩子都有独特的成长轨迹，而他们也不一定会成为自己最初希望的样子，他们会"不听话"，会"不懂事"。

于是，焦虑、失望、无奈、愤怒等各种情绪会缠绕着许多家长。而对于孩子来说，父母又是那么武断、专横，甚至不理解自己。

还有一种情况是，孩子遇到了太"聪明"的父母，只是张了一下嘴，父母就抱起孩子说："你一定是饿了。"于是，牛奶便送到了孩子嘴边。如此"无微不至"的爱，孩子真的喜欢吗？真的对孩子有益吗？

格林太太有一双儿女。儿子是哥哥，格林太太对儿子非常严格。

儿子小时候不敢用手去碰泥巴，妈妈就找来一盆泥土，强迫儿子把手伸进去，以此来锻炼儿子的胆量。

儿子在她的管教下，按时吃饭睡觉，在幼儿园也是十分听话懂事。但是他的自理能力却特别差，而且格林太太渐渐发现，孩子似乎并不懂得负责任，凡事都希望妈妈做主。

后来，在面对女儿的时候，格林太太开始修正自己的教育方法，在女儿的成长中，她尽可能地放开手脚，让孩子自己管理自己。

早上女儿不起床，她就让她继续睡，女儿接二连三迟到被老师批评之后，自然就意识到要早点起床去上学了。

格林太太给了女儿一个自由发展的空间，发现孩子居然发生了神奇的变化，女儿从小就特别有主见，懂得安排自己的事情，并且对自己负责，她和女儿的沟通也十分顺畅。

于是格林太太开始改变对儿子的态度，希望能够让儿子和女儿一样健康、快乐地成长。

一次，两个小家伙在一起玩拼图，妈妈看了一下说："这块拼错了吧。"

儿子坚持说没错，妈妈就轻轻地拍了一下他的头。

后来仔细一看，是自己弄错了，于是妈妈开玩笑地让儿子也用同样的方式敲一下自己的头，儿子当时的表情骄傲极了。

很多父母在教育孩子的过程中，常常把孩子当成是自己的附属品，却忘记了孩子是个有独立意志的个体，总是认为自己身为父母永远正确，当孩子觉得父母不可理喻时，父母却觉得是孩子不理解父母的爱心，长此以往，亲子的交流和沟通难免会出现障碍。

作为家长应该牢记前面提及过的一点：没有教不好的孩子，只有不懂教育的父母。父母们糊里糊涂地以爱的名义将所有的情绪强加在孩子的身上，殊不知有时并不是孩子的错，只是自己的教育方式出了错。

所以，实践中家长必须注意：

第一，当孩子逐渐长大，父母要开始选择教育，即不要凡事都替孩子做主、决断，可以给他们一个选择，这样孩子才会意识到自己为自己负责的人生已经开始了。

第二，父母要学会平等地对待孩子，不要总是用家长的"身份"去压制孩子，如果父母凡事以自我为中心，孩子长大后也会武断专横，不听取别人的意见，或者产生叛逆心理，自信心变得扭曲，完全以自我为中心，习惯和父母作对。


## § 有时候我需要你给我方法和力量

早上起床安就问妈妈："我昨天和露西吵架了，今天上学怎么做才可以和她和好呢？"

妈妈正急着上班，随口说了一句："你主动和她道个歉就行了。"

安看出了妈妈的心不在焉，不开心地撅着小嘴去幼儿园了。

父母在孩子心中是无所不能的，特别是对 6 岁以下的儿童而言，因此，当他们遇到问题首先想到的就是问爸爸、妈妈，父母在他们幼小的世界里可以说是一座大山，父母说的话，小孩子总是很在意。

可是有些父母面对孩子的"困惑"，总觉得微不足道，于是不认真回答，草率地敷衍他们。

在大人的眼里，孩子的"事情"似乎都是微不足道的，并不"值得"自己耐心去对待。

其实这样的想法是不对的，每个人的一生都有不同的阶段，每个阶段的人面对的事情是不一样的，但是无疑，每个人都认为他在这个阶段里的事情是很重要的。

家长世界里的小事，恰恰是孩子生活中的大事。

因此，重视孩子的请求，理解孩子的需求，站在他们的角度设身处地为他们考虑，帮助孩子更加独立、完美地解决问题，是每一位家长的责任。

随着年龄的增长，宝贝的眼泪就不像小婴儿那么多了。

4 至 5 岁的孩子基本已经学会了"坚强"，这主要还得归功于语言。

随着孩子会说的话越来越多，就越不需要借助"眼泪"这个讨人烦的工具了，他们可以通过语言去交流和表达。

另一方面，孩子会说的话越多，能听懂大人说的话也就越多，因此父母说的话小家伙们开始奉为"圣旨"，认为格外重要。

一天，露西从外面哭着跑回来。

妈妈没有像往常一样问他："宝贝！你为什么哭？快告诉妈妈！"

也没有说："这么大了就知道哭！"

妈妈只是静静地搂着她，轻轻地说一句："妈妈知道你一定很不好受"。

露西的妈妈之所以没有急着询问，是因为她明白其实等孩子情绪稳定下来，就会主动告诉自己发生了什么以及他为什么伤心。父母只需要用语言表达的只是关心和鼓励，之后再和孩子沟通。

在很多情况下，父母和孩子的沟通根本就不能称之为"沟通"。

比如说："不要去玩水！告诉你多少次了，不要欺负其他小朋友！"

这样的沟通完全是指示、命令和指责。父母总是认为自己是正确的，孩子对父母说的话要绝对服从。这样不仅不能达到沟通的良好效果，反而让孩子产生抵触，不愿意再和父母交谈。

因此，在生活中，父母要注意自己的言行，特别是在孩子面临"困境"的情况下，孩子需要的不是指责或命令，而是建议与帮助。

一方面，当孩子面对一些"困境"犹豫不决或者向家长求助的时候，家长要第一时间关心孩子的情绪，让孩子觉得父母是爱自己的，值得他们信任和依靠。然后需要父母细心发现孩子的变化，给孩子适当的建议，引导孩子做出正确的决定，不要忽视和不在意。

另一方面，让孩子信任家长。信任来自坦诚，哪怕自己的坦诚一时不被孩子理解，但是也绝不能因此而对孩子撒谎。同时，信任还意味着说到做到。所以家长不要轻易对孩子承诺，对于承诺过的一定要努力做到。

## § 有时候我需要你的信任

每个孩子小的时候，最信任的人都是父母，从孩子牙牙学语到开始有了自己的想法，父母在孩子的世界中都占有重要地位。

如果说信任是"与生俱来"的，那么打破信任却往往是家长单方"造成的"。如果父母对孩子说谎、哄骗、或者不信任孩子，都会造成孩子对父母的信任危机。家长与孩子之间只有建立了信任关系，教育才能更好地进行。

黛西从小就是个内向的小女孩，不善与人交际，性格腼腆，在幼儿园面对老师，她也觉得不好意思。

妈妈对此很是担心，也曾经想过很多方法希望能够改变女儿内向的性格，但效果都不太理想，后来索性放弃了，妈妈想：让孩子顺其自然地成长吧。

一天晚上黛西从幼儿园回来，跟爸爸说："爸爸，过些日子幼儿园要组织夏令营，老师发了一份通知，让你们看完明天交到学校里，可能还有一些需要注意的事情，明天老师会跟你们讲。"

第二天一早，本来爸爸准备好要陪黛西去幼儿园，可是单位突然临时有事，要马上回去开会，时间很仓促，爸爸根本来不及去幼儿园了，怎么办呢？

爸爸正在左右为难，站在一旁的女儿自告奋勇地说："爸爸，你有事，那就我自己带去交吧！"

孩子主动要去做事，爸爸、妈妈都很意外、很高兴，但同时也很担心，因为孩子太小，家长怕她办不好。看到父母的犹豫，女儿期待的目光中渐渐有了一丝失望。

爸爸做了短暂的思索后，觉得这是一次好机会，可以锻炼女儿的独立性和交际能力。如果担心女儿不能记住老师说的，可以私下单独再去问一次，可如果丢了孩子的信心，是很难再找回来的。

于是，爸爸把通知单交给女儿，微笑着说："孩子，爸爸相信你，你一定要把东西保管好，交给老师，不要弄丢了。"

女儿接过去，高兴地点了点头。

女儿走后，父母始终还是放心不下，在车上给黛西的老师打了一个电话，如果女儿没将通知书交给老师，就让老师给回个电话。

中午休息时，女儿的老师果然给爸爸打了电话，父亲心里一惊，难道是孩子没有完成？

电话通了，老师告诉爸爸，女儿已将通知书交给了他，而且向老师询问了相关事项，说回家后要自己转告给父母。老师还说，这件事全班只有黛西一个人是独立完成的。

听了老师的话，爸爸十分欣慰，为孩子的进步，也为自己对孩子的信任。

作为父母，对于那些孩子力所能及的事情，应该放手让孩子去做。家长包办得越多，孩子动手的机会就越少，能力自然就越差。

放手让孩子去尝试并充分信任孩子吧。即便失败了，弄砸了，也没有关系，谁在成长的过程中没有跌倒过呢？

信任都是相互的，只有父母信任孩子，孩子感到受到重视，才会更信任父母。

那么，在和孩子的朝夕相处中，如何才能同孩子建立相互信任的关系呢？

首先，要学会认真地倾听。与孩子平等对话，认真地听孩子讲话。尽量保证每天都可以跟孩子进行轻松的谈话。同时，在交谈过程中，表明自己对孩子所讲的东西是真正感兴趣，不要敷衍孩子。

其次，还要注意与孩子语言交流的技巧，在沟通时多用我，少用你。尽量不要直接批评他们，因为那样收到的是孩子的"防御态度"。为了拉近与孩子的距离，可以多用提问的方式引导孩子讲话。

最后，为了与孩子建立相互信任的关系，父母应该为自己和孩子制定一些行为准则，这些准则对于父母和孩子都是很重要的，要你们共同遵守。这样孩子才会觉得自己是在被平等对待。同时，给孩子最大范围的自由，只有如此，才能互相信任。

## § 你放手，我才会独立行走

在孩子的世界里，大多数时候，他们希望获得更多的自由，可以挣脱父母的束缚。

比如：和其他小朋友闹矛盾，或者受到了别人嘲笑、欺负等等……这些小问题都是孩子之间的问题，是他们自己能够解决的。

如果孩子实在无法解决，他们自会求助父母，或者父母根据观察，觉得需要出面时就在一边施加引导，帮助孩子解决问题。

吉姆是个被父母宠爱过度的孩子，父母事事为他打理，只要他一离开自己的视线家长就会担心，久而久之吉姆渐渐养成了天不怕地不怕的习惯。很多小朋友因为觉得他不讲道理，都不愿意跟他一起玩，这时候只有父母去迁就他。

但是孩子是需要与人交往的，没有同龄孩子的陪伴，就会感到很寂寞。于是，恶性循环就开始了，别人越是不理吉姆，他越是调皮捣蛋以吸引其他孩子的注意力，结果更多的孩子不愿意与他交往。

孩子的世界是单纯的，当他们开始能够走出家门，父母就应该给他们独立交往的机会，教会孩子如何与人相处，只有放开孩子的手，他们才能独立行走。

当孩子小的时候，他们觉得和父母最亲近，可是孩子终究要融入社会，父母这种"强制"的保护和溺爱，并不利于孩子的成长。

莉莉和吉姆一样，娇气霸道，而父母也更溺爱和护着女儿，每当莉莉说有人欺负她，父母都要找别人"兴师问罪"。

等到离开父母的管辖区域，上了幼儿园，所有的孩子都拒绝和莉莉一起玩。她几乎没有朋友，除了上学，就只有自己在家看电视或者玩玩具。

由此可见，父母对孩子的过度溺爱和保护，不但不能真正保护孩子，反而会让孩子面临"伙伴危机"，随时都可能被孤立。

本该是孩子的世界，被大人介入了，孩子们之间的交流少了，友谊自然无法建立。

孩子毕竟年纪小，社会知识和生活经验不足，在独立处理事情时，出现一些小偏差总是难免的。但是，家长不能因此放弃对孩子的"训练"，更不能全部包办。多给孩子一些"自由"，让他们自己去处理问题，既能培养责任心，又能培养孩子克服困难、战胜困难的勇气和意志，何乐而不为呢？

当孩子与小伙伴们之间出现一些问题的时候，请放开孩子的手，让他们自己做主，自己去处理自己的问题。

在慢慢成长的过程中，孩子通过自己解决事情，处理自己遇到的矛盾，能够学会应对更加复杂的事情，锻炼出更好解决问题的能力。因此，作为家长，理当学会配合孩子们要求长大的心愿。

首先，家长要尊重并培养孩子的独立意识。1岁的孩子已经有了独立意识的萌芽，他们开始喜欢说"让我自己做"，自己拿餐具吃饭，自己搬小凳子，喜欢自己修理或者制作玩具，他们完全想做大人的事情。对此，做父母的应该鼓励他们。

其次，家长要帮助孩子克服依赖的心理。家长的过度宠爱，全权包办，会让孩子形成依赖他人的习惯，不愿意自己做事情，碰到一些困难就找爸爸、妈妈。因此，家长们一定要转变观念，使孩子克服依赖他人的想法和习惯。

最后，家长不过度保护孩子。在欧美国家，父母非常重视对孩子独立性的培养，他们在孩子很小的时候就注重培养独立意识。大多数孩子极少与父母同住，他们都独自睡在另外的房间，学走路时，跌倒了也会自己爬起来。

　　总之，父母虽然是孩子们内心强大的依靠，但并不意味着他们需要父母永远如影随形。

# 爱我，
## 就不要喋喋不休

给家长的备忘录：

别对我唠叨不休，否则我会装聋作哑。

在家庭教育中，不难看见这样的现象：父母对孩子不断地叮嘱、提醒和督促，孩子却好像全然没有听到。

机械重复的陈词滥调，同样的话反反复复，几乎每天都一样，盘旋在孩子的耳边，家长认为是为孩子好，能够让孩子改掉一些坏毛病，却不知这样的唠叨也会让孩子的身心急躁不安，心烦意乱，教育作用也非常有限。

太多的实例告诉我们，家长的唠叨不仅不能对孩子产生好的作用，反而会让他们产生自我保护式的逆反心理。所以，面对家长的喋喋不休，很多孩子会选择消极对抗，沉默不语或者干脆与父母针锋相对。

## § 你 的 唠 叨 让 我 听 觉 免 疫

小孩子对是非对错大多没有自己的看法，父母怎么说他们就怎么听，甚至怎么做。但是随着孩子不断长大，自我意识开始觉醒，生理和心理都逐渐成熟，他们开始对外部世界有自己的想法和主张，会意识到自己是独特的个体。

这时，再面对父母每日的"唠叨"教育，孩子会觉得很烦躁，长此以往，轻则会产生"听觉免疫"，重则会觉得没有得到父母的尊重，从而产生对抗情绪。

小女儿简总说："妈妈，不要再说了，你们总是喋喋不休，我就更烦了。"

这是一个多元和复杂的社会，各种压力和束缚导致孩子也会产生心理焦虑，通常情况下，父母越唠叨，他们会变得越不听话。父母的喋喋不休，非但不是"金玉良言"，反而让孩子们反感。

简的家早晨永远是这样的景象：

妈妈早早地起床，一边收拾房间，一边为简准备早饭，同时开始一遍一遍地叫简起床。

妈妈不知叫了多少遍，简才懒洋洋地起来。胡乱刷刷牙，洗洗脸，坐到饭桌前不情愿地对付着早餐。

这时，妈妈给简叠被子，收拾凌乱的衣服物品，嘴里不停地唠叨着："看看你，总是弄得乱七八糟，自己从来不知道学着收拾，每天让你起床都得喊破嗓子，天天跟你说也没用。如果你能早点起来，就不用总是这么紧张了，一会儿去幼儿园又要迟到了。"

简对妈妈的话充耳不闻，吃完饭等妈妈和她一起去幼儿园。

爸爸听见妈妈一早上都在说话，问简："妈妈说了什么，都记住了没有。"

简一脸茫然地看着爸爸："不知道妈妈在说什么。"

作为父母，这应该是最可怕的一种错误——唠叨。

不断地催促，如果孩子听烦了，他们就会产生免疫，完全听不到也不理会父母在说什么，自然也不会改变。

同样是叫孩子起床，有的妈妈就很聪明，不用说太多的话就能让宝宝乖乖地听话。

周日晚上露西的妈妈告诉她："明天一早还要去幼儿园，晚上不要太晚睡觉，另外记得早晨要叫醒妈妈哦，不然上学迟到老师又要批评你了。"

露西说："为什么不是你叫我。"

妈妈说："去幼儿园的是你又不是我，我又不会迟到。"

第二天很早露西就醒了，妈妈看了下表还早，告诉她还早，还能再睡一会。

可是小家伙自己很着急了，不一会就问下妈妈几点了。快到七点的时候妈妈告诉她可以起床了。

露西趴到妈妈耳边说："我先去洗漱，你赶紧起来送我去上学。"

孩子都是小大人，他们知道一切。当孩子觉得自己要对自己的事情负责任的时候，往往比家长还关心，相反，家长多余的唠叨并不会起什么作用。

生活中，为了不再让唠叨破坏孩子教育，家长们应认识到如下内容：

首先，静下心来反思一下自己，平日里有没有真的太唠叨。唠叨无疑是一种批评，家长总是在孩子面前喋喋不休，不能起到任何作用，除了使孩子厌烦，就是产生抵触。同时一句话说的次数太多了，也就失去了效力。反反复复说同一句话，会让人习惯性地产生听觉免疫，看着像是在听，实际上却根本没有听进去。

其次，家长对孩子讲话前要经过思考，有意识地克服唠叨的习惯。比如：规定孩子除正餐之外不能吃零食，但是话虽讲出去了，到了吃饭的时候看孩子吃得少，心里又怕孩子肚子饿，便主动给孩子增加零食。这种自相矛盾的做法，时间一长就会让孩子把家长的话当成耳边风。

最后，重视唠叨形成的负面效应。当家长天长日久的重复唠叨，孩子就会对这种方式产生免疫力。在父母唠叨声中成长起来的孩子，心理和行为的惰性往往比其他孩子更明显，对外界的刺激他们更习惯于置若罔闻。这样的结果，相信是每一个聪明的家长所不愿看到的。


## § 反叛是对你唠叨的抵制

美国杜克大学心理学家坦娅·沙特朗的研究显示，如果父母对孩子房间的卫生状况总是喋喋不休地唠叨不停，不仅不能起到正面效果，相反孩子可能会反其道而行之。

如果做家长的有唠叨的习惯，那就要注意改一改这个毛病了。因为，唠叨不仅不能解决问题，还可能给孩子造成心理问题，使其无法健康成长。

研究人员曾经做过这样一项实验：

从幼儿园的小朋友中选出一些中班的孩子，并向这些孩子提出问题："你们生活中是否有两种人，一种是给你们自由，希望你们玩得开心就好的人；另一种是不断在你们耳边唠叨的人。如果有，请说出这两个人的名字，研究人员将这两种人的名字记录下来，打在电脑屏幕上。

然后在孩子们面前闪现出这些人名，结果显示当那些唠叨他们的人的名字闪过，孩子们基本无法有意识地确认，只能下意识地记忆。而那些让他们玩得开心的人的名字，孩子可以快速地辨认并做出反应。

有一次幼儿园开家长会，老师说安琪总是在上课的时候有小动作，还不时地和别的小朋友交头接耳，老师耐心地教导过她很多次，都没有效果。

妈妈不高兴地从幼儿园回到家，吃过晚饭，开始了长达两个小时的唠唠叨叨。安琪开始还会跟妈妈反驳，后来索性不理不睬任凭妈妈自言自语。

爸爸在一旁看到妈妈的说教无效，也开始跟着妈妈一起教育安琪，但说来说去还是那些大道理。可是对于孩子来说，根本没有起到任何作用。

很多孩子在家长的唠叨声中长大，对付唠叨早就有了过硬的本领，父母唠叨越多，孩子的免疫能力越强。

当孩子在心里构筑起对唠叨的防护栏，父母说再多的金玉良言，也很难起作用了。

反复说教和唠叨，孩子接受的是相同的刺激，这样逐渐就会养成心理惰性，失去对父母的依赖和敬畏，教育效果也将大打折扣，甚至不起作用。

可以说，每一个孩子都反感家长的唠叨，尤其是当孩子犯了错误时，家长们总是认为说教就能解决问题，于是就会采取这种看似行之有效，而实际却毫无正面效果的办法：反复地唠叨。

家长在教育孩子的时候，忽视了方式方法，忽略了对孩子内心特点的把握，没有站在孩子的立场上去考虑问题，这样的教育，又怎么能起到好的作用呢？其实，通常所说的"先求同再存异"，用在教育孩子上，是不错的选择。

面对孩子的各种问题，只有和孩子进行有效沟通，结合孩子自身的性格特点，找到具有针对性的教育方式，才能使孩子真正改正自身的一些缺点和毛病。

在整个过程中，家长和孩子应该是一起游戏的伙伴，而不是一个不停地训斥，另一个被动而沉默。

一项儿童心理学的调查报告显示：父母的唠叨会使孩子产生强烈的反叛心理。父母不停地唠叨，引起儿童反叛心理，会影响到孩子的人格发展。

孩子一天天成长，会要求更多的自主权，面对未成熟的孩子，家长们如果不懂得如何满足孩子的要求，又怎么能够让孩子心甘情愿地顺从呢？

每个人都有一定程度的逆反心理，父母越是叨唠，孩子越希望得到自由，如果孩子没有改变，父母会更加唠叨，如此，就演变成恶性循环了。

这种情况当然不只存在于家庭中，在与人交往中也会存在，如果孩子开始模仿父母的这种习惯，无疑会出现人际关系危机，因为没有人会喜欢喋喋不休的朋友。

只懂唠叨，而无力解决问题，似乎是一些家长遇到的难题。在教育孩子的实践中，家长们不妨参考以下内容：

首先，多花一些时间去了解孩子，根据孩子的个性进行有效的沟通和管教。抓住了孩子的心理之后，就能够对症下药，不至于一天到晚唠叨不停还起不到实际的效果。

其次，多和其他的家长或者老师交流沟通，看看自己教育孩子的方式是否有失妥当，然后学习其他父母成功的教育经验。面对孩子日常的一些小缺点，采取有效的方式去教育，同时多听孩子的意见，多让他们表达想法，而不是反复说教。

## § 我的自卑与你唠叨有关

家长朋友们大概都有过这样的经历：我们经常对自己的孩子喋喋不休地说教，反复地唠唠叨叨，但是却发现说了很多，效果却没有那么好，甚至适得其反。

不知身为家长的你是否意识到了这种教育方式的危害。

一个小男孩儿为了和小朋友在外面玩，又忘了回家的时间，妈妈出门来找他，一路上就开始对着儿子喋喋不休地"攻击"："你怎么又不听话了？忘了上次老师在幼儿园为什么批评你了？就是因为你不遵守时间，老是这样犯错误，以后你该怎么办啊？"

接着，爸爸也煽风点火："每次出去玩都不记得时间，今天又不听话"。

终于，儿子含着眼泪回了家。

爸爸、妈妈总是认为自己的唠叨是苦口婆心，以为说得越多，才是尽到了为人父母的责任，对孩子的教育成果也就越好。

孩子出了"小状况"，爸爸、妈妈都把以往的错误和过失"搬出来"，固执地认为这样才能督促孩子改掉一些坏毛病，不断地进步。

但是，孩子对父母的唠叨会反感，自信心也会受到打击，甚至有的孩子开始怀疑自己的能力，会产生严重的自卑心理。

试想一下，如果有人总是批评你，天长日久，你会不会觉得也许自己真的这么差劲。

真正懂得教育孩子的家长应该这样做：宽容面对孩子，切勿新账旧账一起算。

面对孩子所犯的错误，尽管很生气，但也要尽力克制情绪，做到就事论事，翻旧账的习惯非常不好。

就拿上面提到的小男孩儿来说，他不过是想和小伙伴们多玩一会，而且孩子们玩起来通常就会忘记时间。结果却引来父母的轮番说教，反复批评。孩子内心一定会觉得非常委屈。

父母完全可以让孩子多玩一会，并且告诉他不能总是这样，要记得早点回家。这样孩子会感激父母的理解和信任，也不会产生负面情绪，他们以后会注意时间不让父母再担心。

然而小男孩儿的父母非但没有跟孩子好好沟通，还横加指责，这就会让孩子产生敌对情绪，并且认为父母总是批评他，是不是他真的做得很差，从而产生自卑心理。

布鲁斯是个上中班的小男孩，他很聪明，但是也很淘气。他非常喜欢把小朋友们带到家里玩打仗游戏，但每次玩后都会把"道具"丢得到处都是，从不主动去收拾。

每次看到孩子们走后的"战况"，妈妈都很生气，她一边指责布鲁斯，一边帮他收拾东西："跟你说过多少次了，怎么就不改呢？"

虽然妈妈总是唠叨，但布鲁斯根本听不进去，依然我行我素，并且妈妈长期的唠叨也让布鲁斯变得自卑起来，觉得自己真的就像妈妈说的那样，有着各种各样的缺点。

唠叨教育对孩子来说，无疑是一场"灾难"。没完没了的重复性批评，只会使他们厌烦，影响心情的同时还起不到任何效果。

如果父母能够换一种角度，站在孩子的立场上去考虑问题，尝试一下其他的教育方法，对孩子进行有效的引导，说不定就能达到"双赢"的效果。不要总是一味地指责孩子，就像布鲁斯的妈妈一样，唠叨并不能起到实际的效果。

那么，家长们教育实践中该如何避免上述问题呢？

首先，清醒认识到唠叨是低级的教育方式，是对孩子的轻视。家长应反思一下自己是否扮演着唠叨家长的角色，意识到唠叨的负面作用，停止无休止的喋喋不休，才能让孩子更健康、快乐地成长。

其次，面对孩子的错误，家长要保持平和的心态。例如：当孩子忘记回家的时候，妈妈可以对他说："宝贝，你不提醒其他小朋友和你一起回家，别人的爸爸、妈妈等急了，下次该不让他们出来玩了。"短短的几句话，也许就能让孩子改掉玩起来忘记回家的毛病，同时给了他提醒别的孩子的责任，孩子会觉得自己受到了重视，更愿意去做。

再次，可以及时指出孩子的错误，但是不能操之过急。在生活中，孩子犯错是正常的。作为家长，要有足够的耐心，允许孩子有一个改正错误的时间和过程。

## § 你的唠叨伤害我的隐私

作为父母都是一心一意地为孩子着想，希望能够把一切事情都为孩子安排得妥妥当当，惟恐自己的疏忽和不周影响到孩子。

每一位家长都很辛苦，但同时也觉得孩子体会不到父母的辛苦，认为孩子不听管教。

同时孩子也似乎并不满意父母的行为和说教，尤其是当父母唠叨不停，孩子会觉得父母并不了解他们，不懂得尊重他们。尤其是随着孩子的长大，他们也会有一些小隐私和小秘密，不愿意让别人知道，而父母却经常在唠唠叨叨中将孩子的小隐私泄露出去。

随着年龄的增长，孩子们的生活领域和情感都逐渐丰富，自我意识和自尊心也在不断增强，曾经对父母敞开的心扉也会渐渐关闭起来。

但是，很多父母却无法接受孩子的长大，也没有意识到他们的孩子正在长大，忽略了孩子也会有自己的秘密这一现实，总认为自己是父母，能够无所顾忌地进入孩子的世界，甚至在其他人面前，不停地批评孩子的小错误。

丽莎是个4岁的小姑娘，平时乖巧可爱，就是有尿床的毛病。

妈妈总是不停地说："你都这么大了还尿床，自己也不嫌害羞。"

当妈妈和其他家长一起聊天，总是说起女儿尿床这件事情。

有一天，邻居阿姨带着孩子来家里玩，两位妈妈又聊起孩子的事情，妈妈又把丽莎尿床的事情又说了好几遍，当时丽莎难过极了，躲在自己的小房间掉眼泪。过了一会，邻居走了，丽莎非常生气地质问妈妈："你为什么又和别人说？"

没想到妈妈比她还生气："怎么了？你自己总是犯错误还不让人说吗？小孩子有什么不能说的？"

"别忘了我是你妈妈，好了，快去睡觉吧。"妈妈毫不在乎地对丽莎说。

在生活中，很多父母在隐私问题上和孩子也有过不少交锋。

多数父母们总认为孩子小，就不应该有隐私和秘密，但是对孩子而言，当他们自身存在一些小缺点或者做了一些他们自认为"丢脸"的事时，都会很在意的，孩子们不愿意听见父母总是提起，更不愿让别人知道，家长们一些唠叨的行为都会让孩子们感到不舒服。

因此，在这个方面，家长们应该懂得：

其一，到了一定年龄后孩子会有强烈的独立性，他们希望拥有自己的隐私，同时渴望被尊重。作为家长，要懂得保护孩子的隐私，给他们创造心理上的"安全空间"。

其二，了解孩子的心理状态和需求。随着年龄的增长，孩子对父母的依赖逐渐减少，他们希望别人尊重他们隐私和小秘密；孩子的内心很敏感，感情也很细腻，父母无意识的行为很可能伤害到他们。

其三，避免叨唠带来的交流障碍。随着父母的唠叨不断，孩子与父母的沟通意愿就会减弱，这丝毫不利于孩子的成长，也不利于亲子关系的和谐。

不做虎妈 不做狼爸

## § 我装聋作哑并不是故意

在生活中，妈妈似乎更爱唠叨一些。

小到孩子的生活起居，大到为人处世，妈妈都会不停地对孩子唠叨，似乎只有不断地重复，才能表达出妈妈们的关爱，并且只有不断地听到，孩子们才能真正的重视。

但是事实却不是这样的。

心理学家对幼儿园的几名儿童做了一项调查，大多数孩子都表示，自己的妈妈每天从早到晚都不停地唠叨。

5 岁的玛丽说："每天早晨闹钟响起来的时候，妈妈的唠叨就开始了。"

苏珊说："妈妈总是不停地说：'快去洗脸，别忘记刷牙'。还没等我从洗手间走出来，妈妈的唠叨声又开始了，'别磨蹭了，快吃早饭'。"

辛迪说："每天下午放学，刚回到家，妈妈就唠叨个不停，'赶紧准备洗手吃饭洗澡。'终于都收拾完了，妈妈又唠叨上了，'看电视坐远点，早点睡觉。'我每天听到妈妈的声音就觉得头昏脑涨的，烦死了！"

梅格是大班的小姑娘。她说："每天我一回家，妈妈总是唠叨个没完。先是问我今天在学校怎么样，不停地问，然后不停地批评。现在，一听妈妈说话，我就耳朵疼。"

从孩子们的心声中可以看出，妈妈们似乎都很爱孩子。但同时妈妈们的唠叨也涉及孩子们日常生活的各个领域，几乎无所不包，让孩子们感到苦不堪言。

"父母总是唠唠叨叨，没完没了。很多话讲一遍就够了，我能听得懂"

"虽然也知道爸爸、妈妈是在督促自己，但不停地说心里就会烦，一点也不想搭理他们。"

在这个问题上，孩子们争先恐后地表达自己对家长的不满，就像控诉大会一样。孩子们对唠叨这么反感，是什么原因呢？

当一个人对自己唠叨的时候，大多数情况下，都是对自己的不满。父母的唠叨也基本上是对孩子的批评和抱怨，孩子当然不爱听了。

做聪明的家长，要时时提醒自己，学会控制自己的情绪，尊重孩子，结合孩子自身的特点进行说教。这样才是有效的教育，如果父母只是一味地喋喋不休，只能让孩子学会装聋作哑。

玛莎做事有拖拉磨蹭的习惯，妈妈总是喋喋不休地提醒她，说得多了，女儿也见怪不怪，根本不当回事，妈妈的话就像耳边风一样，左耳朵进去，右耳朵出来。

家长之所以唠叨孩子，是因为他们在某些方面的表现不符合自己的期待和要求，但是不提醒他们就觉得他们不会注意，所以就时时提醒、事事提醒，长此以往，就形成了唠叨的习惯。

但是，毫无节制的唠叨，会使孩子产生厌恶的情绪，甚至很强的逆反心理，他们会更加和父母对着干，使事情变得越来越糟。

其实，父母如果能够静下心来，好好和孩子交流沟通，有条理地向孩子交代事情，这样可以增强他们的自尊心和自信心。

所以，家长一定要时时提醒自己：不要太过唠叨。

对于乔伊的做事拖拉，妈妈也开始反思自己的行为。

下一次乔伊慢腾腾穿衣洗脸的时候妈妈会告诉她："能不能快一点，我们要迟到了。"

然后神情严肃注视她一小会儿，用眼神告知她：请你按照我说得做，快一点。

乔伊应该是明白了妈妈的意思，感觉到自己的错误，也下意识地提高了速度。

看到乔伊的转变，妈妈温柔地看着她，给了她赞许的目光。此时，孩子的眼神高兴地迎了上来，对着妈妈笑了。

这就是"此时无声胜有声"的作用，比起歇斯底里的唠叨，用眼神的方式明显效果好多了。

针对某一件事，家长们长期反复强调，传递出的是一种负面情绪，会在潜移默化中打击孩子的自尊心，导致装聋作哑。

对于有些事情，孩子们自己会有心理预期，在他们认为自己有能力做好某件事情时，如果家长再三唠叨，会打击他们的积极性，孩子会认为家长对自己缺少信任，从而容易产生消极和逆反心理。

总之，家长们对孩子的说教和唠叨要适度，即便他们一时做得不好，提醒他们一遍就好，不要简单重复。或者可以换个角度或者方式跟孩子交流，孩子毕竟还是孩子，做家长的要比孩子"聪明"多了。

那么，究竟该如何做呢？

一是不要过分限制孩子的自由，让孩子有一定的自主权。聪明的懂得教育孩子的家长大多都是宽容的，不会对每一件事都指手画脚。这就要求家长不要总是代替孩子做决定，可以站在家长的角度给他们提供意见。但凡是孩子自己愿意做的事情，兴趣和积极性自然更高，不需要父母太多的催促和提醒。

二是与孩子沟通，尽量用简单的语言和明确的方式。让孩子能听得懂，并把事情的前因后果都讲清楚、说明白，给孩子们提出具体的建议和指导，同时允许孩子对此提出自己的意见和想法，允许他们按照自己的意愿去做一些事情。

三是把孩子当作朋友，改变说话的语气。如多用"我觉得你可以考虑下……""我觉得这样做会好些……"等商量式语气，而少用"你应该"、"你必须"等命令式口吻。这样不但会减少孩子的抵触情绪，效果也事半功倍。

四是家长要学会自我控制，进行有效沟通。实践证明，唠叨的本质是一种无效的沟通，但很多父母并没有意识到这一点。父母们从改变自己开始，尝试着闭上嘴巴，把主动权还给孩子试试吧。

## § 不要在我面前抱怨，我会被影响

家里电视机坏了，妈妈请舅舅来帮忙修理。到了约定的时间，舅舅却打电话说有急事不能来了。

挂掉电话后，妈妈开始不停地对爸爸抱怨："怎么总是这么不守信用，以后再不找他帮忙了。"如果这样的话总是被收进孩子们的耳朵里，作为父母的你，是否会有瞬间的触动？

当问题出现的时候，很多家长给孩子做了一个坏的表率，那就是在面对失望的时候，一味责备和埋怨别人，不能换位思考或者理解他人，更不要说积极地想办法去解决问题了。

一些有经验的父母都坚信这样的理念：生活在批评中的孩子学会的是谴责，而生活在宽容里孩子将学会忍耐。

长大以后喜欢抱怨的人，很有可能是因为从小就生活在一个爱抱怨的环境里。他们习惯性地享受别人的同情和支持，久而久之就丧失了改变处境的行动力。变得很爱抱怨，引发孩子抱怨的原因有很多，累了、饿了、烦了或是无聊了，或者是想得到更多的爱与关注。父母们不仅要停止自己的抱怨，也要注意在孩子小的时候尽可能鼓励他们乐观向上，让他们通过自己的努力去解决问题，以避免他们长大以后动不动就靠发牢骚来达到目的。多用一些正面的语言，例如：运气真是太好了，下次这个问题一定可以解决等。

如果孩子已经养成了爱抱怨的习惯，一定要注意及时去纠正，让他们明白，抱怨不能使别人明白他的要求。

妈妈们大多有过这样一些折磨人的经历。当孩子面对并不令人满意的情境，会不停地抱怨东抱怨西。

"今天太阳那么大，为什么爸爸不能开车送我们。"

"隔壁的汤姆真是太讨厌啦。"

"这并不是我的错，是他没有说清楚。"

此时，聪明的妈妈会这样告诉孩子。

"亲爱的，如果你好好说话，妈妈会认真地听，但如果你抱怨的话，我实在搞不明白你想要说什么。"

或者干脆反问他们："你说我们应该怎么做呢？"

托比在草地上跟姐姐一起玩，姐姐不肯用洋娃娃跟他交换玩具枪，托比气哄哄地跑到妈妈面前，对姐姐的不满和抱怨一大堆。

妈妈问："这么说是姐姐让你不高兴了？那你现在想做些什么呢？"

小托比一下子被问住了，不好意思地对妈妈说："我……我想要姐姐的洋娃娃。"

　　妈妈说："那你说应该怎么做呢？"

　　托比挠挠头，眨眨眼睛走开了。

　　不一会儿，就看姐弟两个人在草地上追跑着大笑起来了。

　　父母的引导方式，可以让孩子们明白：埋怨别人是解决不了问题的，结果只能导致更加糟糕的处境。面对问题，需要调整心态，去寻找解决问题的办法。

　　作为家长，不仅要培养孩子良好的生活习惯，更要注重培养孩子正确的思维习惯，让他们的耳朵只听到乐观和积极的声音，养成开朗大方、热情向上的行为习惯。

　　明智的家长会这样做：

　　一是不要在孩子面前抱怨。上班劳累了一天，回到家中就和家人抱怨："今天的工作有多难完成，今天老板和同事有多不讲道理。"这看似是生活中很平常的事情，但是家长们是否知道，人在抱怨的时候产生的都是负能量，脸色是低沉的，表情是愤怒和扭曲的。孩子们将这些抱怨听到耳朵里看在眼里，久而久之就会觉得生活中到处都是不公平，而抱怨似乎是发泄情绪最好的方式。因此家长一定要以身作则，不论是遇到糟糕的人还是糟糕的事，还是对自己或者他人不满，都要避免在孩子面前抱怨。

　　二是当孩子有抱怨的情绪时要及时给予正确的引导。一般来说，孩子的智商都会超出所需，但是情商却恰恰相反。当不能得到满足时，孩子的消极和抱怨都会随之而来。聪明的父母不会在孩子面前抱怨，而是会在孩子第一次抱怨的时候就及时制止，引导孩子为改变眼前的困境做出积极的行动和努力，抱怨只能徒增痛苦，没有任何实际作用。可能有些家长会认为，孩子那么小，他们怎么听得懂？不要小看的宝宝们哦，他们天生就有学习和平相处的能力。

# 我好奇，
## 因为我在成长

给家长的备忘录：

别忘记，我喜欢亲自尝试，而不是被你告知
结果。

不做虎妈　不做狼爸

　　有人说："好奇是对科学和探索的起步，一个人如果没有好奇心，对什么事物都不感兴趣，就不可能有发明创造，更难以做出伟大的事业。"

　　在人的成长过程中，兴趣是最初的起点，爱好是不竭的动力，而产生兴趣的直接原因就是好奇心，强烈的好奇心是一切伟大构想的根源。

　　牛顿对苹果掉到地上感到好奇而发现了万有引力；瓦特面对开水顶起锅盖而感到疑惑，结果发明了蒸汽机……如此种种，都说明了一点：好奇是一个人探索的开端。

　　不仅仅科学家需要好奇心，我们的孩子想要有所成就，也离不开好奇心。孩子是天生的梦想家，带着与生俱来的好奇心。智慧的家长，一定会保护孩子的好奇心，哪怕孩子的想法荒诞不经。

## § 我用好奇心看整个世界

　　思想家培根曾经说过："好奇心是幼儿智慧的嫩芽"。

　　好奇心是每个小孩子的天性，正是因为好奇心的驱使，孩子们才忍不住要去探索这个陌生又多彩的世界

　　教育学研究表明：幼儿在0—6岁时期，是好奇心蓬勃发展，反应最为强烈的时期。

　　强烈的好奇心能够增加孩子的求知欲，同时对孩子的创造性思维与想象力的形成具有重意义。不仅如此，还有助于培养孩子独立思考的能力和对事物的敏锐度。

　　但事实通常是，当孩子好奇地指着那些我们习以为常的东西，不停地问为什么的时候，很多家长就会慢慢失去耐心，变得烦躁起来。

　　一位从事早教的老师，在一次出差途中，看见一位母亲抱着一个三四岁左

右的小男孩。

看得出小男孩是第一次出远门很兴奋，稚嫩的小手指着车厢里东西问这问那的，开始妈妈还耐心地回答他，可是过了一会妈妈就变得不耐烦了，瞪着眼睛对小男孩说："你能不能安静一下，别总是问这问那，就你烦"。

小男孩顿时安静下来了，他委屈地望着对于他而言还是一片茫然的窗外。

这位母亲可能没有意识到她的行为会导致孩子今后在面对各种问题时都羞于启齿。家长一时的烦躁实际是在扼杀孩子的好奇心，严重者甚至会埋葬他们勇于质疑的精神。

不论孩子提出的问题有多么幼稚可笑或者荒唐离奇，作为家长都不能置之不理或者讥笑他们。

因为这种好奇心中可能会有牛顿、爱迪生的智慧，也可能会是孩子未来科学思想的开端。

美国的莱特兄弟是世界上第一架飞机的发明者，他们小时候的好奇心十分强烈。

一天晚上，兄弟两个人在树下玩耍，看见月亮又圆又亮，于是小兄弟两人竟然产生了爬到树上去，把月亮摘下来的想法。

结果可想而知，不仅月亮没摘到，两个人还从树上摔下来，衣服都被刮破了。父亲见到此情况，并没有责备他们，而是耐心地给他们讲解。

童年的这次趣事，让莱特兄弟产生了飞向天空的梦想。

在父亲的鼓励下，经过一次次试验，兄弟俩终于发明了世界上第一架飞机。

由此可以看出，家长如果能够注意倾听孩子的想法，积极引导孩子的好奇心。对孩子在不断的探索中增强自己的能力，有非常积极的作用。

从一个细节就可以看出，很多孩子喜欢玩那些自我组装型的玩具。当孩子把新买的小汽车拆开看看为什么会跑，把新买的小乐器砸坏看看为什么会发声，家长都不应该认为孩子是故意搞破坏，要明白正是在好奇心的驱使下才会有这样的探究行为。

好奇心是每个孩子的天性，做父母的都应该珍惜，在生活中要注意时刻保护孩子的好奇心。

一方面，家长要走出"听话教育"的误区。一直以来，父母都是把听话的孩子称为好孩子，认为好孩子就是要乖，要老老实实听家长的话。而喜欢自己探索的小孩总是被认为是淘气的，甚至会惹恼家长。可正是因为这种"听话教育"在一定程度上扼杀了幼儿的好奇心，阻碍了他们创新能力的发展。

另一方面，不要漠视、敷衍孩子的好奇提问。对于孩子的千奇百怪的问题，家长们要积极去回答。如果确实难以回答，可以告诉他们："这个问题可难到我们了，等爸爸、妈妈查一下再告诉你好吗？"

记住，家长千万不要敷衍孩子的求知欲，有时候父母还真需要跟孩子共同成长。

## § 想我优秀，就允许我提问

每一位家长都希望自己的孩子长大以后能成为一个优秀的人。

据研究统计，每个成功人士身上都具有一个相同的特征：对于新知识的好奇，并不断提出疑问。

爱因斯坦取得成功的秘诀就在于他有着狂热的好奇心。而这种好奇心的培养应该从小开始，这已经成为学者们的共识。

克森特米哈伊希是美国著名学者，在谈到创造性人材的因素时，他指出了好奇心的重要性，并明确提出："通往创造性的第一步就是好奇心和兴趣的培养"。

说到这里，我们不妨来看看一些著名科学家小时候的一些趣闻。

蒸汽机的发明者瓦特，小时候每次家中烧开水，看到蒸汽将烧水壶盖顶开他感到很奇怪，小家伙通常会盯着上下跳动的壶盖看好久。

出生在渔民家庭的伟大的化学家罗蒙诺索夫，年幼时每天面对着大海，对蔚蓝的海洋充满了疑问，他经常缠着父亲问："为什么到了夏天，傍晚的时候海面会出现光亮的水纹？""为什么冬天夜里的天空会出现绚丽的北极光？""海水为什么每天两起两落？"

还有家喻户晓的大发明家爱迪生，童年时期就是一个好奇心十足的孩子。

五岁那年，有一次看到母鸡孵蛋，他连蹦带跳地跑去问妈妈："为什么那只鸡要把蛋放在屁股底下呀？"

妈妈回答说："这是鸡妈妈在孵小鸡。鸡妈妈是为了小鸡暖和呀。"

当天下午，小爱迪生也躲着自己的屋子里，模仿母鸡孵小鸡的样子，可爱极了。

多年后有人问他："您怎么会有那么多的发明创造呢？"

爱迪生回答："我没有什么特别的才能，只是喜欢寻根刨底地探究问题罢了。其实我要感谢我的母亲在我童年时保护和支持了我的好奇心。正因为母亲热情的鼓励与引导，我才能取得了今天的成功。"

兴趣是最好的老师，幼儿的好奇心得到满足，就会进一步激发他们的认知兴趣。

强烈的认知兴趣会像一个内在的发动机，产生一种神奇的力量，这种力量能使幼儿乐不知倦地学习，最终走向成功的彼岸。

但是有些家长，认为孩子的好奇心应当以遵循自己已设计好的思路为前提，如果超越这个界限，孩子的好奇心就会被冷落与压制，这种错误的教育方式会限制孩子的思维和智慧。

一次一个 3 岁的小女孩回到家中，告诉父母今天老师画了一个圆，并告诉他们这个图形是"圆"，家长一怒之下将老师告上法庭，并最终胜诉。

因为这种问题对孩子来说并没有标准答案，孩子会说像月亮，像盘子，但是如果我们告诉孩子：这就是个圆，孩子的想象力就会在此切断。无形中禁锢了孩子的思维，刚刚引发出来的创造性的火苗又给扑灭了。

日常生活中，也有些家长朋友会不小心犯相同的错误，不知不觉中扼杀了孩子们创造性的萌芽。那么，家长该如何避免呢？

家长要多为孩子创造一个不断变化的丰富多彩的环境，多为孩子创造接触新鲜事物的机会。由于幼儿知识经验贫乏，往往只停留在简单的"是什么"阶段，因此家长应有意识地多引导孩子问问"为什么"，帮助孩子树立向更深知识领域探索的兴趣。

## § 让我去做，我才能记住

美国著名的教育家曾说过："告诉我的，我会忘记，让我做，我才能记住。"

现在很多孩子从一出生开始，便集万千宠爱于一身。全家人都无微不至地呵护着一个小宝贝，什么事情都不让孩子自己去做。

实际上，这种爱和包办直接扼杀了孩子的独立性。

艾米的妈妈就深有体会。

艾米是个美丽又聪明的小姑娘，是全家的开心果，家里的大人们生怕孩子受半点委屈。从小艾米一直过着衣来伸手饭来张口的日子。

可是随着孩子一天天的长大，问题出现了。老师发现在幼儿园里只有艾米不会自己穿衣服，不会自己系鞋带，吃饭如果别人不喂自己也不肯吃，经常丢三落四的，性格还越来越孤僻。

幼儿园的老师将孩子的情况反馈给了妈妈，妈妈也决定要让艾米学会独立，不能再这样溺爱她。

慢慢的，妈妈发现，艾米很聪明，有些东西学一遍就能自己干。每天早晨，艾米都能自己起来穿好衣服，自己洗漱干净，收拾好小书包，等着妈妈送她到幼儿园。

看着现在越来越懂事的孩子，艾米的妈妈终于明白，其实以前艾米之所以没有生活自理能力，是自己总是过分担心孩子太小，错误认为孩子没有自立的能力。其实，家长应该充分相信孩子，多给予孩子一些空间，让孩子充分展示那份会令家长惊喜的聪明才智。

从孩子出生开始，父母就应该给孩子创造锻炼自我的机会。比如：一个家庭中，有 3 岁的弟弟，弟弟就要自己努力学会穿衣，吃饭。有 5 岁的哥哥，那哥哥就要帮助父亲割草，整理草坪。如果还有姐姐，那姐姐既要帮妈妈做家务，同时还要照顾弟弟。

总之，每个孩子都要通过自身的劳动，为自己的家庭做出应尽的责任。

如果家长总是用大包大揽的方式，孩子难免就没有了自己动手的兴趣，对生活中的事情也就表现得漠不关心，不懂得自己去动脑筋，这样肯定不利于孩子智力的发展。

科学研究表明，处于婴幼儿时期的孩子注意力很容易受外界影响，难以集中，求知欲强烈，好奇心旺盛，被动式的教育模式很难起到较好的效果。

所以，在教育孩子的实践中，家长们要尽可能采取"尝试性教育"，让孩子亲自体验，效果往往远大于语言上的教导。

很多家长朋友们总会遇到这样类似头疼的问题：越是不让孩子接触的东西，孩子越想去摸一摸，警告过他多次，却总是起不到作用。

汤姆家有个很精美的花瓶，小汤姆总是想拿在手里看看。妈妈曾告诉他，花瓶容易碎，但这仍阻挡不了汤姆的好奇心。

后来，妈妈想出一个主意，拿了一个瓷碗放在汤姆面前说："宝贝，你摸摸这个瓷盘，和我们家花瓶是不是一样的呀。"

汤姆摸了一下，发现是一样的。

妈妈把瓷盘递给汤姆说，"亲爱的，你把瓷盘拿到厨房吧。"显然，瓷盘对于汤姆来说有些大，刚接过来就掉到地上，摔碎了。

小汤姆顿时楞住了，妈妈这时又对汤姆说："看，瓷盘和这个大花瓶都是很容易碎的，我们家的宝贝现在还拿不动，摔碎了多难看呀，是不是呀，等汤姆再长大点再玩这个花瓶好吗？"

汤姆点点头。经过这件事后，他再也没有碰过花瓶了。

杰克同样是个聪明顽皮的孩子，他有一个让人头疼的"问题"就是：没等你的话说完，他就来插嘴。

幼儿园的老师说，每次上课杰克都叽里呱啦地和周围的同学说个不停，根本听不进去老师说的话。

有一次，幼儿园喝水时间到了，老师说："小朋友，现在我们要去喝水了……"然而老师还没有说完，杰克就学着老师的样子大声喊："男同学别去，女孩子先去。"

可是全班小朋友并没有听他的。

看到此时情景，老师觉得应该借此机会教育一下小杰克。

老师让小朋友先留在座位上去。然后宣布让杰克当今天的"小老师"，孩子们都觉得很好玩，嘻嘻哈哈笑成了一团。

杰克大声喊了几句，都没有人理睬他。这时老师趁机对杰克说："你看，你一个人的声音不如全班人的声音大吧。老师上课的时候，你总是私自讲话，别人还听得见吗？总是影响别人是不好的习惯。"

杰克听了以后，红了脸低下了头。从此以后，杰克改掉了上课说话这个坏毛病。

有些时候，让孩子亲自去尝试一下，宝贝们就会明白其中的"奥秘"。单纯的说教，很多时候只会让孩子更加茫然与迷惑。

在孩子早期的学习过程中，有时候需要多创造一些环境，让孩子能够参与到学习过程中，激发孩子的兴趣，这样也会使孩子记忆更加深刻。

比如：家长可以多发明一些小游戏，在游戏中解放孩子的大脑，解放孩子的双手。还可以邀请周围的小朋友，指导孩子们按照故事书中的情景，表演小节目，也可以鼓励孩子模仿老师，给全家人一起上课。这是参与性的教育模式，会让孩子将学习到的知识灵活运用在参与的活动中，从而加深印象。

当然，有两个原则家长们要灵活掌握：

一是尽可能地相信宝宝。信任孩子是家长的一种美德，更是教育孩子的一种良好方式，它既是孩子成长的动力，也是孩子内心的安定剂。

二是培养孩子自己"想办法的习惯"。要让孩子从小就明白自己的事情自己解决，父母可以在旁边帮助和引导他，但不能因为害怕孩子做不好而越俎代庖。

## § 我不是故意闯祸，只是因为好奇

吃过午饭，贝贝想自己收拾碗筷，结果一不小心把碗打碎了；露西想学着妈妈的样子自己试着洗衣服，结果忘记关水龙头；托比看见妈妈在做饭，想帮妈妈递酱油瓶，结果酱油打翻了一地。

这些情况很常见。

孩子小的时候对什么都好奇，很喜欢动手，以为可以帮到爸爸、妈妈，却总是不能如愿以偿，不仅不能帮忙，反而帮倒忙。

遇到这些情况，一些脾气暴躁的家长就开始数落孩子："又闯祸了吧，不要乱动。"

其实，孩子们只不过是因为好奇，想去尝试一下而已。家长们实在无须大动肝火，应该允许孩子去尝试，即便他们不小心给自己带来更多的麻烦。

对孩子来说，每一次尝试都有可能失败，但是每一次失败也是经验的积累，这在每个人的成长过程中都是不可避免的，是必然的、不可缺少的。

约翰·马瑟是诺贝尔物理学奖得主，他小时候也是一个喜欢尝试新鲜事物的孩子。

小约翰很小就学会了游泳，他知道在水里不能呼吸空气，就认为水里没有空气。但却看见鱼在水里可以自由自在的游泳，内心感到十分困惑。为了弄清楚，小家伙就学着鱼的样子在水里游泳，结果呛了好几口水。

约翰的父亲是大学教授，他知道情况后，非但并没有批评小约翰，还表扬他敢于尝试的勇气。

约翰·马瑟能够在物理学中取得成功，很大程度上归功于童年时期的勇于尝试和勇于探索的精神，也与他父亲的智慧做法密不可分。

中国的教育家陈鹤琴先生曾说过："儿童的世界是他自己去探索去发现的，他自己所求来的知识才是真知识，他自己所发现的世界才是他的真世界。"

但是任何探索都可能伴随着错误，家长对待孩子应该多一些包容。不要忘记，当孩子们因为好奇而受到责备时，会受到很大的打击，好奇心受到压制自信心也会变得更脆弱，如果处置不当，很可能影响孩子的心理健康，甚至产生逆反心理。

据统计：经常受到父母责备的孩子形成孤僻症的几率，是正常家庭孩子的三倍。

有一位儿童心理治疗师，在他医治过的孤僻症男孩中，都向他倾诉过小时候因为几次好奇心而犯错，之后遭来父亲的毒打，留下了阴影心理，导致恐惧而不敢和人说话。

治疗师还解释道，如果小时候因为好奇心犯错误而受到惩罚，一种情形会使孩子变得内向，容易形成孤僻症。另一种很可能是造成孩子的逆反心理，使孩子为了报复家长，而故意犯错，如不加以合理教育，往往会酿成严重后果。

著名教育学家卡尔·威特曾经这样说过："一个人无论有多么好的才华，掌握了多少丰富的知识，如果他是一个懦弱的人，没有勇敢的精神，那么最终他只能成为一个无能的人。"

同时他指出："家长替孩子做他们能做的事，是对他们积极性的最大打击，因为这样就等于对他们说'我不相信你的能力和勇气。'"

很多家长太爱孩子，但是往往对孩子的能力缺乏正确的认识，有些孩子能够胜任的活动，在父母看来也是充满危险的，从而严厉阻止孩子去尝试。实际上，这只会加深孩子的胆怯心理，不利于孩子的心理健康。

作为家长，要注重培养孩子的好奇心，这是孩子成长最为重要的一环。

美国的教育学界认为：家长要允许和鼓励孩子去亲自尝试，在尝试中克服自己的胆怯心理，从而培养自己的勇气。

有一次，本杰明和小伙伴一起玩，看到一棵很高的树，他们中有人建议爬上去瞧瞧上面有什么。提议得到了小伙伴们的一致赞同，但在谁先爬这个问题上却产生了分歧。因为树太高，他们中不少人都产生畏惧心理。这时本杰明自告奋勇，决定第一个爬树。

本杰明也是第一次爬树，当他爬到一半时，看着距离自己越来越远的地面，几乎吓得哭了出来。这时本杰明的父亲看见了，他没有向其他父亲那样，立刻火冒三丈地让孩子下来，而是立刻从仓库拿来救援垫铺到树下。鼓励孩子说："孩子，不要害怕，你是男子汉。"

儿子听到父亲的鼓励，刚才的恐惧也缓解了很多，深吸一口气，终于又向上爬了一段距离，坐在了一根结实的枝杆上。他高兴地向底下的小伙伴们大声描述自己所能看到的不一样的风景。

让父亲惊喜的是，当本杰明从树上下来的时候，郑重其事地对父亲说："爸爸，我再也不怕绿色弗兰克了（美国动画片的一个怪物），我现在是男子汉了。"

毫无疑问，爸爸的做法是正确的，如果当时不这么做而是阻止他，那么本杰明很可能永远是一个胆小鬼，无法开启自己对未知世界的探索之门。

其实，家长也明白，孩子终究要长大，终究要踏入这个竞争激烈的社会。如果小时候孩子质疑万物的勇气在一次次尝试中被父母扼杀了，又怎么能面对社会汹涌的浪潮呢？

膝盖碰伤了容易治愈，手指割破了总会结疤，但是被扼杀了的好奇心却是永远无法弥补的。所以，在平时的生活中，让孩子自己尝试着缝纫、做饭、修剪草坪都是可以的。

那么，家长在具体的实践过程中，需要注意什么呢？

首先，对孩子多一些包容心。小孩子正是好奇心、求知欲最旺盛的年纪。家长应该时刻想着"这个时期的孩子都是这样的"，如此一来，就能够使孩子的好奇心得到发展和利用，让孩子变得积极主动。但这也不是说，在所有的事情上都放纵孩子为所欲为。家长也要具有一个判断力，要善待那些"尝试"错误的行为。

其次，善于抓住时机引导孩子。家长仅仅具有包容心远远不够，更要学会引导孩子认识到错误。家长要循循善诱，引导着孩子明白自己有什么错误，为什么犯错误，有哪些不好的后果，之后怎么改正。只有这样孩子才能在不断的尝试中得到真正的成长。

## § 我好奇，你就微笑吧

"孩子需要表扬，正如植物需要水分。"这是著名心理学家鲁道夫·德雷克斯的一句名言。

来自父母的肯定和赞扬能给孩子最直接的动力。每个孩子都对世界充满期待，都喜欢听到父母的赞许。

父母的赞扬是孩子坚强的后盾，像一道阳光照进孩子的心田。做家长的不应该吝啬赞许，吝啬肯定，平时多给孩子一句表扬，一句鼓励，少一些批评，少一些指责，孩子们会有更大的进步！

前美国第一夫人希拉里·克林顿是一个闪耀着光环的政治人物。她高学历、懂政治、懂策略、坚强、勇敢、处变不惊、镇定自若。这位令人钦佩的女性，非常感激自己母亲的支持和鼓励。

在一次电视采访中，希拉里深情地回忆母亲对自己成长产生的巨大影响。其中有这样一个故事。

小时候的希拉里是个比较内向、害羞的小女孩。有一阵子她迷上了体操，但年幼的希拉里却十分害怕那些动作，一直不敢尝试。

终于有一天她鼓足勇气，爬上了自家后院的单杠。可刚爬上去，就重重地摔下来了。

希拉里说："但是当我睁开眼睛，看见妈妈甜美的笑容，顿时感觉浑身充满了勇气。在以后的路上，每当我遇到困难，一想起妈妈的笑容，我立刻就有了迎难而上的斗志。"

相比表扬与鼓励，有些家长私下里会担心，自己的孩子没有什么优点，都是缺点，要是表扬几句，怕孩子会更骄傲。但现实并非如此。

一个人邀请朋友到家中做客，他们刚进屋，4 岁的女儿就颤颤巍巍地端来一盘水果，但是没有放稳，果盘倒了，水果撒了一地。

父亲看看了女儿说："你真笨，这么大了，一个果盘都拿不住，还什么事都想做，你能做好吗，回自己屋子里好好待着。"

小女孩委屈的回到自己的房间里。

到了晚饭时间，小女孩又开始兴高采烈地准备摆碗筷，结果不小心有把一个碗打破了。

这回还没等爸爸批评她，她自己就先哭了。

吃完饭，孩子刚才热爱劳动的积极性全然没有了，一声不吭地回到自己的房间里。

孩子的好奇不仅仅表现在未知的事物上，对父母经常做的事情，他们也充满了好奇心，渴望自己有机会去尝试。此时，父母应采取鼓励与表扬的态度，而不是批评与压制。

　　家长应该时刻提醒自己：在人生的道路上，每个人都有跃跃欲试的时候，此时特别需要被鼓励。即便是大人们的一句"没关系"，一个甜蜜的微笑，一个小小的嘉奖礼物，就或许能让他们创造出想不到的奇迹。

# 你的敷衍
# 我看在眼里

**给家长的备忘录：**

当我问你问题的时候，请别敷衍我或者拒绝
我，否则我将停止发问，转向别处寻求答案。

好奇的小孩子们，想弄明白所有的事物。其中自然会有许多让我们家长感到为难的话题，如"妈妈，我是从哪来的？"

面对他们的好奇心和想象力，父母的能力总是有限的，我们不可能一一回答出孩子的"为什么"。

当我们不能明确的回答孩子问题的时候，千万不要让孩子感觉到我们在敷衍他们。因为，敷衍将会使孩子们失去再次提问题的兴趣；反之，下一个天才说不定就是你的孩子。

## § 我是你身边的机灵鬼

不知家长们是否有过这样的感慨，小孩真是越来越聪明，敷衍一下都不容易。

露西在幼儿园里得到一张奖状，晚上孩子拿着奖状对爸爸说："爸爸，爸爸，我得了个大奖状，你怎么奖励我呀。"

爸爸正在看报纸，头也不抬的随口说了一口："周末带你去游乐场。"

谁知露西立刻提高嗓门说："爸爸，就会骗人，你都说过这个月的周末都要加班，根本不可能带我去游乐场。"

可见，孩子不仅十分聪明，记忆力还很好。

有一次，西西的妈妈和她一起看杂志，在封面上看见一个十分漂亮的童装，西西对妈妈说："妈妈，我穿上也会很好看。"

妈妈就说："下次逛街时就给你买。"

说完妈妈忘了，但是西西却一直惦记着。

等下次妈妈逛街回来，西西看见只有妈妈的新衣服，没有自己的，难过地哭了起来。

家长或许以为孩子小，随便敷衍一下就过去了，可是据科学研究，孩子1~2岁时，就已经具备了基本的判断能力，可以简单分析出家长的意图。

现在随着科技的发展，孩子接触面得到更大的扩展。如果家长仍错误地认为孩子年幼，可以偶尔敷衍一下，这种想法却是不对的，并且会有很大的危害，对孩子的心灵造成影响。

琳达是一位单身母亲，在女儿一岁时就和丈夫离了婚，独自带着孩子在另一个城市生活。

女儿快3岁了，和爸爸只见过几次面。每次女儿看见别人的父亲和孩子一起玩耍时，总是问妈妈，自己的父亲在哪里。

琳达觉得女儿太小，不想伤害她，就骗女儿说，父亲是飞行员，工作很忙，等有时间就会来看她。

有一次，幼儿园老师布置了一幅图画，题目是"我的爸爸"。

女儿又一次拿着题目来问妈妈，琳达像往常一样又不假思索地说出了同样的话。

忽然女儿哭着对妈妈喊到："你骗人，爸爸根本不是什么飞行员，你们离婚了，爸爸不要我了。"

妈妈当时就怔住了，她一点也没有料到，其实女儿一直以来都知道。她一直以来的敷衍其实已经深深伤害了小女儿的心。

同样的情况，另一位单亲妈妈就做得很好。当儿子第一次问妈妈这个问题时，妈妈耐心地向儿子解释道："我和爸爸都很爱你，宝贝，但是我和爸爸在性格上有很多不适合的地方。就像你和汤姆一样，你喜欢运动，他爱画画。爸爸、妈妈也是一样，所以在一起经常吵架，于是我们就分开了，但是你要记住的是，爸爸、妈妈都十分爱你。"

从那以后，儿子再也没有问过同样的问题了，同时和父母相处得都很融洽。

在生活中，家长总是认为孩子小，就找很多借口来敷衍孩子，其实孩子们很聪明，他们都看到眼里。

做个聪明的家长，不妨试试这样做：

首先，主观上不要低估孩子的能力，要从内心里平等地对待孩子。现在的小宝贝已经有了分辨是非的能力，他们虽然有些时候不说，但是他们真的能够感到你是否在敷衍他。

其次，认真有技巧地回答孩子问题。也许有些事情超出他们能够理解的范围，但是要让孩子感知你耐心认真的态度。哪怕说完之后告诉孩子："也许你现在还不能理解，但是我不能骗你，等你长大以后就能明白了。"

## § 敷衍我会让我觉得你是"不爱我"

一位诗人曾说过：孩子的心灵像小草般柔弱，父母的爱会滋润他茁壮成长。

每一个孩子都是弱小的，需要父母的疼爱与呵护才能健康、幸福的成长。父母对孩子的爱有很多种方式，有时候很可能只是认真回答他一个问题，或者是履行曾经答应过他的一个请求，都会让孩子感到很温暖。

但常常有家长朋友说："我要工作挣钱，这样才可以给孩子买最好的衣服，最好的零食，最好的玩具，偶尔敷衍他一下，也是没有关系的。"

但是家长要明白，孩子和我们成年人一样，不光需要物质的东西，更需要精神上的呵护。

卡尔出生在一个富足的家庭。父亲是一家大公司的老板，妈妈是一名成功的律师。平时两个人的工作都很忙，孩子见到父母的机会很少。

有一次，卡尔看见外面下着大雪，一只小狗在雪地上奔跑，卡尔跑过去问妈妈："妈妈，你说小狗什么不怕冷呀。"

妈妈正在写东西，头也没抬随口说了一句："它们不怕冷。"正当儿子想要继续问下去，妈妈有些不耐烦地说："卡尔，妈妈正在工作，你自己玩吧。"

还有一次，卡尔在幼儿园画画比赛得了第一名，之前父亲答应过他，如果取得第一名周末就带他去迪斯尼游乐场。

到了周末的早上，小家伙早早起床准备，可是父亲早就忘了答应过儿子的事，已经安排了别的工作。

最后也只是掏出钱让保姆带着卡尔去买玩具。

父母因为工作忙碌一直这样敷衍儿子，卡尔觉得自己的父母根本不爱他，也感受不到家庭的温暖。

慢慢的，卡尔的性格越来越孤僻，他不喜欢和周围的人接触，也不愿意说话。最后发展成了抑郁症，这时父母才发现问题的严重性。

很多时候，只有出现了严重后果，父母才意识到自己过去的疏忽。

爱丽丝在幼儿园里画了一张画，放学回来迫不及待地给妈妈看，妈妈看也没看就脱口而出："宝贝画得真好！"

听了妈妈的夸奖，5岁的爱丽丝不但不高兴，反而不屑地说："你就会说'真好'，你连看都没有看。"说着就撅起小嘴生气地走了。

父母对孩子的夸奖应该是经过思考的，毫不在意地脱口而出，这种敷衍根本骗不了孩子。

因此，妈妈不应该漫不经心地夸孩子画得好，而应该用心欣赏孩子的画，当小家伙兴高采烈地跟家长展示自己的东西，得到的却是敷衍和不在意，可想而知孩子有多伤心。

小孩子的敏感有时候很神奇，他们能察觉出家长的一举一动。为了让孩子能够感受到自己的爱，家长朋友们应时时注意：

一方面，真诚地对待孩子的每一个问题。孩子有时向我们提出问题，并不是只为得到答案，实际上是在向家长撒娇，当我们表现出对他的重视，他也自然会感觉到我们对他的爱。

另一方面，别用承诺敷衍孩子。家长不要为了图一时的省事，随口对孩子许下太多的承诺，最后却无法实现。这样会让孩子觉得自己在父母心中是无足轻重的，会让孩子产生一种失去依赖的错觉。


## § 我会将你的敷衍看作欺骗

我们都知道诚实守信的人，才能博得人们的信任。诚实守信的良好品德要从小培养，撒谎一旦成为习惯，会影响孩子的一生，长大成人以后再去试图改变它，只能是徒劳。

要培养出诚实的孩子，就要求父母必须起到表率作用，首先就是不要敷衍孩子，做到不说谎，不欺骗，信守诺言。

美国著名活动家罗莎蒙黛是一位受人尊敬的人。她的母亲克拉尔，也是一位贤淑的女性。

母亲从小对罗莎蒙黛的教育，为罗莎蒙黛的健康成长打下良好的基础。

一天早上，大人和孩子们都穿戴整齐，克拉尔准备带着全家去朋友家做客，大家都等待出发了，只有罗莎蒙黛没有动。

克拉尔催促女儿快一点，这时罗莎蒙黛对妈妈说："妈妈，我昨天提前约好了邻居的珍妮来家里玩，今天我不能和你们一起去了。"

罗莎蒙黛的爸爸笑着说："还以为什么重要的事呢。没事的，珍妮来了看见家里没人，就会回去的。"

罗莎蒙黛赶忙说："不行的，珍妮来了看我没在家，那样我就不守信用了，她以后会不相信我的。"

这时妈妈说："罗莎蒙黛说得对，我们女儿是一个诚实守信的孩子，不能食言。"

妈妈望着罗莎蒙黛投去赞许的目光，接着说："好吧，那就让我们的罗莎蒙黛自己留在家里吧，要小心点哦。"

再看看下面这个小故事。

西西认为自己的拼图没有拼好，想拿去征求父亲的意见。

正在做事的父亲瞥了一眼随口说："拼得很好！"

这时西西撅着嘴对爸爸说："爸爸，骗人，明明就有两块拼错了。"

还有一次，西西在幼儿园的舞蹈比赛上得了一等奖，爸爸鼓励她说奖励她一个芭比娃娃，女儿高兴极了。

但是说完，爸爸早把这件事忘到脑后去了。女儿提醒了几次，爸爸要么敷衍她说："等爸爸不忙了就会给你买。"要么说："下次给你买。"

女儿见没有了希望，生气地指责爸爸说："爸爸是骗子，爸爸是个大骗子！"

其实不难看出，孩子对父母的任何承诺和评价都会当真，如果父母只是随意敷衍孩子，在孩子心中就会变成可恶的"骗子"。

明智的父母，会尽一切努力维护好自己的形象，绝不允许自己有欺骗孩子的行为发生。

同时，会客观地夸奖孩子。如果孩子意识到自己并不是父母夸奖得那么好，就会怀疑别人对自己的评价，甚至会觉得大家都在骗他，自我价值感就会降低，进而变得自卑。如果这样的话，不管日后再怎么鼓励他们，都很难再为孩子树立自信心。

## § 你的敷衍会伤害我的好奇

托比是个喜欢打破砂锅问到底的孩子，妈妈都想不明白为什么他每天都有那么多奇奇怪怪的问题。

比如：妈妈说巧克力太甜了，对牙齿不好，不能吃太多。

托比就会问巧克力为什么是甜的？为什么吃太多会对牙齿不好？

托比生病时吃药，他就会问妈妈为什么药水是苦的？

他还会问太阳为什么会落山？

为什么老爷爷会长白头发……

如此多的为什么让妈妈很头疼。

孩子之所以有这么多问题，是因为孩子的好奇心很重。但这些好奇心"害苦"了家长们，面对那些奇怪的问题，大多只能选择敷衍的方式应对。

但是父母们没有意识到，这种敷衍孩子好奇心的习惯，对孩子是很不利的。

好奇心强的孩子拥有更多的创造力，许多发明家之所以成为发明家往往都源于好奇心。

当面对一些没有见过的东西，孩子们都会问：这是什么？那又什么？为什么会这样等等。尽管这些东西在大人们看来，实在没有什么新鲜感。但是，我们不应该小看孩子们的这些奇怪的想法，这些想法中往往蕴藏着不可预测的潜能。

一位母亲对一位教育专家抱怨说："我的儿子非常淘气，有一次他不断追问手表的指针为什么会转动？我当时正在忙，就随便应付了他一句话，结果孩子把一块贵重金表给拆坏了，孩子爸爸严肃地斥责了他。"

这位教育专家说："可惜呀，也许他就是下一个爱迪生呢！"

这句话道出了目前我们的家庭教育中，父母的无意识会扼杀孩子可贵的好奇心，非常不利于孩子创造性的培养。

柏拉图说："好奇者，知识之门。"

因为好奇，孩子才会去探索外面丰富多彩的世界。

试想一下，如果孩子对什么都不好奇，都无所谓，他还会需要什么呢？他还会进步吗？

每个孩子都是一张白纸，随着年龄的成长，接触事物的增多，各种各样的问题都会进入他的大脑，他会有浓厚的兴趣去探索外在的世界。

对此，家长们应进行保护，而不是用敷衍去扼杀。

那么，实践中父母该如何对待孩子的好奇心呢？

其一，简单的问题，不简单地回答。孩子认为千奇百怪的问题在父母眼里是很简单的。于是，父母的回答也很简单，但在孩子看来，这个答案尽管简单，却无法解释他的问题。因此，面对孩子的简单问题，父母不能简简单单回答。要用孩子能听懂且感兴趣的方式为他们作答。

其二，要微笑，不要厌烦。不管孩子问什么问题，父母都不要表现出厌烦的情绪。有时候孩子的问题天马行空，那是因为他并不懂。但是，如果父母表现出不耐烦，将会直接影响孩子的感受。孩子对父母的情感变化很敏感，他也许会因此而减少提问，甚至不再提问，这将阻碍孩子思维能力的发展。

# 说话算话的你
# 会让我崇拜

**给家长的备忘录：**

请别在管教原则上前后不一，这样会让我疑
惑，进而失去对你的信任。

　　家长们需要懂得，在管教原则和态度上必须前后一致，尤其要杜绝和孩子讨价还价，不要让孩子们认为规矩与原则都有商量余地。一旦他们养成了"谈判"的习惯，那么立下的一切规矩都将变成空谈。

　　同时，如果家长们信号不明确，管教原则前后不一致的话，孩子不仅不会遵守规则，还会不信任父母。

## § 你 的 善 变 会 让 我 很 迷 失

　　一定程度上来讲，家长的素质决定了孩子的素质。家长的一言一行、待人接物的方式，都对孩子有很大的影响。

　　如果家长做得好，孩子就会受到良好的影响，以父母为榜样。反之，就会产生负面影响，孩子会逐渐养成言而无信、言行不一的处事风格和习惯。

　　因此，家长在孩子面前言行不一危害是很大的。

　　有位教育专家曾说过这样的话："家庭教育优秀的，他们的孩子大部分很优秀，家庭教育一般的，他们的孩子大部分是中等或中下等；家庭教育不好的，他们的孩子多半也不优秀。"

　　这些话可能有些极端，但是却是对不同家庭培养出的孩子的一个概括总结。

　　4岁的威尔像往常一样坐在餐桌前吃早点，今天妈妈似乎有事情，一个劲的催促他："威尔，快一点吃，吃个饭怎么这么慢？"

　　威尔一脸疑惑地说："可是你不是告诉我吃饭要慢慢吃吗。"

　　妈妈一听威尔在顶嘴，本来就很着急此时就更不耐烦了。

　　"让你快点吃就快点吃，那么多话干什么。"

　　威尔见妈妈发了脾气，不情愿地放下早餐，离开了餐桌。

　　我们经常会看到有些家长给孩子讲不能浪费食物，自己却将吃不完的东西随手扔掉；还有一些家长一边告诉孩子要谦让，一边自己争先恐后地挤车抢座。

其实在孩子的眼里，家长是他们学习的榜样，他们喜欢效仿家长的样子去做。

如果做父母的言行不一、反复无常，孩子就会疑惑，不知道到底该怎么做，同时也会给孩子留下一种印象，那就是："做事情没有固定的准则。"

这样在面对家长的要求时，孩子也可能言行不一；答应父母的事，他们也会认为做不到没关系。更严重的是，无法给孩子树立良好的道德观念，长大之后孩子就很难遵守社会规范，甚至会对社会造成危害。

因此，在教育孩子、给孩子立规矩的过程中，要注意以下方面：

首先，立规矩，要把道理讲清楚。规矩并不是简单粗暴的命令，更不是父母施展强权，"你要听我的！我说了算，让你这样做就要这样做"。孩子虽然小，但是讲道理的方式孩子听得懂，父母和孩子温暖的沟通方式会让孩子信任家长的判断，并遵守规则。

其次，规矩不仅仅是立给孩子的，父母也要严格遵守，以身作则。不能跟孩子说一套，自己做另外一套，父母言行不一，不仅不能给孩子做个好榜样，自己的威信也会受损，孩子会不相信父母的话，那管教就不能很好地进行了。

## § 我想感受到你的言出必行

每一位家长都有管教孩子的原则，但是在所有原则中，最重要的就是"底线原则"。

什么是底线原则呢？

就是"说话算话"，即在管教孩子的过程中，家长言行前后一致，给孩子定下的规矩，严格遵守，而不是朝令夕改。

最常见的就是这样的现象：原本跟孩子说好的，今天出门逛街不买玩具，不买零食，但在街边，当孩子耍赖要求买玩具吃零食的时候，父母多半还是答应他们；还有的父母见到孩子哭，采取交换的方式，如：如果你不哭了，我就给你买气球；或者明明是孩子弄乱的玩具，妈妈一边唠叨着一边动手帮忙收；在吃饭时间，孩子不好好吃饭，家长说："现在不吃，待会饿了也不许吃。"话音刚落，孩子一喊饿了，父母立即张罗吃喝……

其实，换位思考一下，如果换作我们是孩子，面对父母总是如此没有原则的话，谁还会相信或者遵从呢？

一次，托比将水桶拖到了客厅，地面上到处都是水，妈妈对托比说："不能在客厅玩水，已经跟你说过很多次了，这样会把地板弄坏，这是妈妈最后一次提醒你，如果再有一次，妈妈就要打你了，犯一次打一下，犯两次打两下，第三次打四下，每次加倍。

托比说："不行。"

妈妈说："还有一条补充条件，受罚时，你要自己脱好裤子在床上等着挨打，否则，被我捉住了，打一下的变两下，打两下的变四下，总之加倍。"

托比把妈妈的话当成了耳边风，开始挑战妈妈的"底线"。

结果可想而知，妈妈让他挑了房间，锁门，自己脱裤子挨打。对托比来说，这是很丢脸的事，尽管他只有三岁。

不过，这其实也是很有效的管教办法。一般情况下，只要妈妈执行了上述规矩一次，为了避免再次挨打丢脸，孩子就会遵守规定。

可见，在教育孩子的过程中，家长们要重视"底线原则"，并把握两个方面：

首先，为了让孩子养成听从父母话的习惯，父母必须一遍一遍地向孩子重复和执行。有些妈妈因为无法忍耐孩子的拖拉，也没有足够的耐心去引导孩子，而选择凡事代替孩子去做。其实为了长远打算，教育孩子的"辛苦"是必须付出的，不能贪求一时的便利与省事，否则要面对的，就是孩子在之后很长一段时间里所带来的各种麻烦和痛苦。

其次，面对孩子的求饶和眼泪，父母们要坚定。如果孩子因为违反规定而受到惩罚，家长难免会心疼，会心生动摇。但必须明白，我们不提倡打骂孩子，但管教的"原则底限"一定要清晰。否则，孩子将会变成一个蛮横娇纵、不负责任的人。一个没有原则和底限的人，不但会给别人带来麻烦，自己也会受苦。

## § 立规矩时不要伤我自尊

如前所述，自尊对于孩子的健康成长具有极为重要的意义。为人父母者的第一任务，很大程度上就是要从小培养孩子的自尊心。懂得自尊的孩子，长大成人以后，更容易获得事业的成功，找到生活的幸福。

大量的教学实践表明，孩子的自尊心最初是从父母那里得到的。所以，家长在给小孩子立规矩时，也别忽视了孩子的自尊。

露西经常把小朋友们请到家里玩儿，在玩儿的时候，妈妈常常会向他们提一些问题。

有一次，露西的伙伴来家里做客，妈妈说："我提的问题，会的人就请把手举起来。"

几个小伙伴都开心地说："好"。

妈妈发现，每当提问题的时候，一个小男孩总是很迟疑地举手，而让他回答问题的时候，他又支支吾吾地不知道怎么回答。

妈妈问他："既然你不会回答，为什么还要举手呢？"

男孩小声地告诉露西妈妈："他们都会，如果我不会，我会觉得很没有面子。"

这一句话，让妈妈觉得这个孩子的自尊心很强，他努力想证明自己跟别人一样聪明。

于是露西的妈妈悄悄地告诉小男孩："那这样好不好，我再提问的时候，你如果会的话，就冲我挤一下眼睛。"

以后再玩这种提问游戏的时候，只要看见小男孩挤一下眼睛，妈妈都会让他来回答问题。

后来，露西妈妈渐渐发现，这个小男孩特别喜欢来家里玩，而且整个人发生了很大变化，比从前更开朗一些。他经常问露西："什么时候还去你们家里玩啊？"小男孩在露西家里得到了尊重，他的自尊心得到了小小的维护。

其实孩子的进步，对于每一个大人来说，都是一种幸福，也是一种满足。

每个孩子都有被尊重的需要。

我们尊重孩子，孩子就会以自己的进步来回馈我们的尊重。

孩子是独立的个体，他们有自己的情感，他们依赖于父母，却不是家长的附属。因此，在对孩子提出各种要求的时候，要尽可能地多尊重孩子。

一次，露西正一个人在屋子里玩得高兴。一个邻居来串门，进门看到她，就过去抱起她，亲了她一下。

可是露西的反应却很强烈，她一把推开了邻居，跑回了自己的房间里，等邻居走了，妈妈责问露西："叔叔是喜欢你才亲亲你的，你怎么能这么不懂礼貌？"

露西撅着小嘴对妈妈说："他都没问过我，我不喜欢他的胡子，不喜欢他抱我。"

听完女儿的话，妈妈觉得很惭愧。她从来没想到才几岁大的她，竟然对自己的喜好有那么清晰的认识。

于是妈妈告诉露西："你可以对叔叔说明理由，那样才会避免以后叔叔再让你尴尬，但是你也要有礼貌。"

露西乖乖地点了点头。

其实孩子有他们自己的想法，给予尊重是做家长的需要学习的第一课。所以，家长们在为小家伙立规矩时，应该多一点尊重，少一点要求。在尊重的基础上去要求孩子，孩子不仅会更愿意配合，也能学会自立自强。

当然，家长们也要注意如下两个方面：

一是给孩子适当的自尊，不能过犹不及，造成孩子太强的自尊心。要培养适合他们年龄的自尊心，这样孩子才能健康成长。

二是奖惩适当。如果孩子做了好事，要鼓励他继续这样做。但是表扬不要言过其实，尤其不要在众人面前对孩子做不必要的夸奖。同样，当孩子做错了事，也要对他提出意见和批评，必要时采取一定的惩罚手段，以便使孩子吸取教训，但批评同样不能放大，要实事求是。不论孩子正确与否，都要和孩子沟通，让孩子感到自己被尊重。

## § 你信任我，我就会信任你

长期以来的教育实践表明，建立亲子之间的信任关系至关重要。

当孩子信任家长的时候，才会愿意和家长交流，同时遵守家长们立下的规矩，并听从家长的意见；同样，家长信任孩子，也会对他们产生巨大的影响，为孩子的成长提供更多的帮助。

所以，家长们在给小家伙立规矩时，应本着信任的心态进行。

孩子的好习惯都是父母培养出来的，如果父母信任孩子，和孩子保持良好的沟通，不让孩子产生"恐惧"家长的习惯，他们基本都不会形成不良习惯。

如同前文讲述的一样，很多家长在发现孩子闯祸以后，第一时间就气急败坏。面对父母的愤怒和权威，很多孩子会因为怕挨打而选择说谎。

小孩子真的是很奇怪的生物，有时候家长的主观和强硬，不仅不能起到作用，反而会让孩子更加叛逆，想和家长对着干。生活中，我们都想成为好家长，所以一定要控制自己的情绪，要学会温柔地注视孩子的眼睛，耐心等待孩子说出真相。

如果孩子主动地承认错误或请求原谅，做家长的应该先表扬他的诚实，之后再针对具体问题和孩子沟通，进行批评，教会他在以后碰到这样的事时应该如何去做。

当然，家长也经常犯错。所以在批评孩子之前，首先一定要弄清楚事情的来龙去脉，不要"冤枉"孩子。

如果家长告诉孩子，"这件事情由你来决定吧，你自己想想应该怎么做。"听到这样的话，孩子往往会很感动。

自己对自己的生活负责，自己为自己的事情做决定，应该是最引以为傲的事情了。孩子会觉得，父母让他自己决定，是对他能力的认可，是莫大的鼓励和信任，他们会觉得自己长大了，他们不愿意辜负这份可贵的信任。

当家长告诉孩子："我们相信你，这件事由你来决定"的时候，这种乐趣就开始了。

一天托比和妈妈去公园玩，忽然，看到旁边有一棵苹果树，他很想爬上去玩，于是向妈妈请示是否可以。

妈妈看了看那棵树下的草坪，对儿子说："去吧！"

说完就继续低头看自己的报纸，并没有太多的表情。

等托比朝那棵树走去时，妈妈开始悄悄地观察着儿子的一举一动。

小托比在树下转了两圈，仔细地看了一会儿，就开始找个能蹬脚的地方慢慢向上爬去。

看着他正要用脚踩上一条很细的枝干，妈妈的心都快跳出来了，她很想跑过去接住儿子，如果摔下来还是很危险的。没想到，这小家伙忽然选择了另一根比较粗的枝干。

托比爬上去兴奋极了，大声地喊妈妈来看他。

这时，妈妈收好报纸，问托比："儿子，你在树下转了几圈，是不是在看树上有没有苹果呀？"

"不是的，妈妈，我是在看这棵树的结构，我想看看从什么方向上去最容易。"托比很认真地说。

妈妈用开玩笑的口气，故作轻松地问："刚才你是不是差点把那条小细枝干踩断呀？如果从树上掉下来不会害怕吗？"

"妈妈，我才不会真去踩它呢。我只是想试试那条枝干结不结实，"托比有点自豪地说。

妈妈从树上接下托比，拍了拍他的头，说："小家伙，这么厉害，都会爬树了。但如果没有爸爸、妈妈跟着你，不能随便去爬树，知道吗？"

每一个孩子都是天生的冒险家，但他们在冒险之前也会有个大体的概念，当他们需要为自己负责的时候，会衡量其中的危险性，托比爬树的例子就是一个很好的证明。

如果因为担心而拒绝孩子的请求，不相信孩子，就会使孩子失去锻炼自己的机会。反之，即便托比真的会摔下来，又有什么关系呢？这是他自己的选择，下一次他将不再做这么危险的事情，如果去做了，他也会吸取这次教训，避免再次摔下来。

信任真的是一种伟大而神奇的力量，不要阻止孩子渴望尝试的那份勇敢，给他们足够的鼓励和信任，不论成功还是失败，孩子的成长都会比你的说教成长得要快。

1996年，在美国有这样一位身无分文的青年。

这位青年十分看好电子商务的前景，下定决心要在这个领域中去发展。可是他没有办法解决资金问题。他首先想到了父母，当他向父母说明了他的用意后，父母只商量了一会儿，就把自己的养老金交给了儿子，并告诉孩子："我们对互联网都不了解，更不知道什么是电子商务，但我们相信你——我们的儿子！"

这位青年就是大名鼎鼎的亚马逊书店的首席执行官，当今有着105亿美元财富的贝索斯。

可以说，贝索斯的成功并不完全归功于父母，但父母所起到的作用却是非常重要的。除了最早的资金支持外，还有他们对儿子无条件的信任，这份信任为孩子提供了无穷的精神力量。

其实宝宝出生后学到的第一大本领就是看妈妈的表情，去读懂妈妈表情的意义。所以大人的情绪会影响孩子的喜怒哀乐，大人对他们是鼓励、是信任还是怀疑和否定，孩子们都一目了然。

有一次托比和露西在草地上玩，两位妈妈在一起聊天喝咖啡。不一会两个小家伙不知道因为什么吵了起来，都在哇哇大哭。

露西和托比同时将目光投向了妈妈，妈妈们就像没有看到一样，继续着她们的谈话，有说有笑的。

这时托比跑过来，还没等他开口，妈妈就说："宝贝，自己的事情要自己去解决，你看露西被你气哭了，妈妈相信你，一定能把露西逗笑的。"

听了妈妈的话，托比似乎想说些什么，但是看到妈妈信任的目光和温柔的微笑，小家伙擦擦眼泪，转身就走了。

不出十分钟，两个孩子又嘻嘻哈哈玩了起来。

当孩子被家长赋予信任的力量，他们也会做出让我们意想不到的事情。因此，在日常生活中，父母面对孩子，不能不分青红皂白地一味批评，孩子的事情让孩子自己去解决，往往效果更好。

那么，实践中建立亲子信任，家长应注意什么呢？

首先，明确表示对孩子的信任。随着成长，孩子开始懂道理了，同时语言也让他们学会了表达，这时父母应该多倾听孩子，相信他们所说的话，以此建立信任关系。不要总是问孩子："你说的是真的吗？"或说："不要对我撒谎！"家长更应该用善意代替对孩子的怀疑，不要吝啬对孩子表达信任。

其次，同前文一样，不要轻易承诺孩子任何事。家长们不以为意的许诺孩子会信以为真。假如父母说明天带他去博物馆参观，可是说完就忘记了，孩子会失落，甚至会生气，以后就很难再取得他们的信任了。除非是自己能够做到的，只有让孩子觉得父母是讲信用的，才能赢得他们的信任。

再次，认清建立信任关系的时间要求。信任的培养不是一朝一夕的事，在孩子小时候，家长的处事风格和生活情绪都将影响和决定孩子的行为，互相信任，才能共同进步。

# 请跟我说声
# "对不起"

## 给家长的备忘录:

别以为向我道歉是没有尊严的事。一个诚实的道歉，会让我和你更接近，更尊重你，感觉更温暖。

在家庭教育中，孩子向父母认错似乎是理所应当的，但是家长向孩子认错却很少见。

"做错了事要道歉"。

大人们经常这样教导小孩子，可为什么父母错了，就不能向孩子说对不起呢?

如果家长从不向孩子承认自己的缺点、过失，孩子就会产生"父母永远正确而实际上老是出错"的观念，久而久之，对父母正确的教诲，孩子也会置之脑后。

如果在家长做错事后，也能郑重地向孩子认错、道歉，孩子就会懂得承认错误并不是一件可耻的事，就会提高分辨是非的能力，尝到原谅别人的甜味。

做父母的总会有一种高高在上的心理"优越感"，把自己的面子看得比教育孩子更重要，不好意思也没有勇气跟孩子说"对不起"，认为跟孩子道歉损害了家长的权威。

殊不知，家长学会并勇于向孩子道歉，才会让孩子更愿意与家长接近，更尊重父母，感觉到更温暖。

"跟孩子说对不起"无疑是家庭教育中的明智之举。

## § 你也不是十全十美

这个世界上没有十全十美的人，当然也没有十全十美的孩子和父母。任何人都有可能做错事情，在孩子面前，父母并不需要做完美的人，事实上也不可能做到。

犯了错误道歉，这是一个人有良好教养的体现。在孩子眼里，勇于说"对不起"的父母是温柔易亲近的，不仅不会让他们看轻了父母，反而会更加信任和尊重父母。

如果父母犯了错误而拼命掩饰，不仅瞒不过孩子的眼睛，反而会令孩子觉得反感。永远不要低估孩子的智商，是非对错，他们心里都能明白。

如果父母想在孩子面前保持"威信"和"形象"，就要做真实的人，当我们确实做错了，请坦诚地跟孩子说句"对不起"，孩子会认为自己的父母是最好的爸爸、妈妈。

但偶尔因为心情不好责骂了孩子，事后觉得很后悔，但是又放不下家长的面子去道歉。

心里想："孩子那么小，即使不道歉，孩子也不会在意的"，那就大错特错了。

小孩真的比我们想的要聪明得多，也许他们一辈子都记得父母曾经怎样错怪了自己，而且是那样蛮不讲理。

我们家长愿意留给孩子这样的记忆吗？特别是在错误非常明显的时候，家长的掩饰、搪塞或者置之不理，会让孩子觉得父母很虚伪。那么孩子今后还会信任和尊重自己的爸爸、妈妈吗？

一天，妈妈下班回到家，听到"砰"的一声，她急忙放下手中的东西跑到客厅一看，那套紫砂茶具中的一只杯子摔碎在地上，五岁的儿子正在捡地上的碎片。

妈妈非常生气，对着儿子大吼大叫："你又乱动家里的东西，越来越不听话了"。

儿子的眼里满是泪水。

"做错了事你还哭。"妈妈烦躁地说。

儿子抽泣着对妈妈说："妈妈，我知道天气很热，你回来要喝水，我想倒杯水等你回来喝。"

听到儿子这么窝心的话，妈妈的火气一下消了。

她把碎片收拾干净，和儿子一起坐在沙发上。对儿子说："宝贝对不起，妈妈不该跟你发脾气，但是你还小，个子太矮了，才摔坏了杯子，下次不要再蹬着板凳拿东西了，好吗？"

孩子听了，认真地点点头，并向妈妈就自己摔坏杯子一事道了歉。

　　其实学会向孩子道歉并不是什么没有面子的事，恰恰相反，孩子在父母的道歉中能汲取很多有用的东西，这些对孩子的成长大有裨益。

　　如果孩子做错事后，父母能郑重地向孩子认错、道歉，孩子就会懂得承认错误并不是一件可耻的事，就会提高分辨是非的能力，同时尝到原谅别人的滋味。故此，为了亲子沟通取得更好的效果，父母应该做到：

　　一是勇于向孩子道歉。不要认为向孩子认错、道歉，会失面子，会失去自己的权威，其实父母学会向孩子道歉，是家庭教育中的明智之举。父母的认错和低头，会让孩子觉得自己得到了父母的尊重，同时化解孩子内心的委屈。

　　二是父母要为孩子树立榜样。如果父母有了错误，能主动向孩子道歉，那么当孩子有错误时，也会仿效父母的做法，主动承认错误，主动道歉。

　　其实孩子们非常宽容，父母错怪了他们，只要说一句对不起，孩子就更加敬重和爱自己的父母。

　　一句对不起，该是多么简单的一件事，只要有一颗尊重孩子的心，甚至都不需要过多的解释。以平等的态度向孩子道歉，这是爱孩子的一种表现，相信孩子自己能体会得到。


## § 你道歉，我一定会原谅

　　在生活中，很多家长明知自己的语言、表情或动作伤害了孩子，事后也进行了自我反省，认为自己的做法确实欠妥当，但就是不愿意把内心的想法告诉孩子，在孩子面前依然拒不认错。

　　一来是因为大人们认为如果向孩子道歉，将大大折损自己在孩子心中的威严，会让孩子轻视自己。二来是父母怕道歉后得不到孩子的原谅，让自己下不来台。

　　可是究竟在孩子心里，会怎样评价父母向自己道歉这一行为呢？

　　艾丽是个 5 岁的小女孩，一天，妈妈一脸严肃地把孩子送到幼儿园来，老师看到艾丽的眼睛明显是哭肿了。

妈妈刚走，老师就上前问艾丽发生了什么事，孩子看到老师，一脸委屈地说："妈妈钱包里丢了零钱，怎么也找不到，可是真的不是我拿的。"

下午放学，妈妈来接艾丽回家，老师在旁边听见妈妈说："钱没丢，是外婆拿去买菜了。"说完就要带着孩子回家。

这时，老师把妈妈叫到旁边，友善地提醒妈妈应该跟孩子道个歉。

第二天，艾丽很高兴地跟老师说："妈妈跟我说对不起啦，我也原谅她了！"老师故意问她："为什么原谅妈妈了呢？"

孩子说："因为妈妈跟我道歉了呀，我当然应该原谅她了，妈妈工作这么忙，不是所有事情都记得住的，妈妈跟我说了，是担心我犯错误，她自己才会做错事的。"

小姑娘说得很认真，就跟大人讲话一样。

可见，妈妈的道歉并没有让艾丽讨厌或者记恨她，反而赢得了女儿的理解，使她能换位思考，开始体谅起妈妈来了。

所以说，家长没必要在孩子面前伪装自己的歉意，只要勇敢地向孩子道歉，孩子就会觉得自己很有尊严，并且也会以相同的态度对待父母以及其他人。

家长朋友们一定要记住，真心诚意地改掉自身的错误，会令孩子对我们更加敬佩和信任。这是孩子心理和性格健康发展的基础。

首先，道歉要明确，因为什么道歉，自己哪做错了，对孩子造成了什么伤害都要说清楚，并要请求孩子原谅，这样具体的道歉才更容易使孩子接受。

其次，道歉要诚恳，不要为自己找太多借口。否则孩子认为父母道歉只是表面功夫，根本没有认识到错误，而是在为自己找借口开脱。

再次，长期错误不要指望一次道歉即可立竿见影，道歉有时不只是嘴上道歉，也要付诸于行动，用行动表明心意是最有效的。

勇于道歉，承认错误才是树立父母的威信、保持在孩子心中形象的最佳秘方。

当然，若是家长没有做错，就不能因为怕惹孩子生气或者其他原因而一味向孩子道歉。要等孩子平静下来和其沟通，告诉他错在哪里，应该如何改正，更好地帮助孩子成长。

## § 你的道歉会让我懂得人生品格

相信在育儿这条路上，很多家长都会体验到"任重道远"这个词的份量，甚至全家的每一个人都在围着小家伙一个人转，但是千万不能因此就认为我们对孩子付出了很多，孩子就会任由我们"摆布"。

孩子们的小脑袋里有很多想法，有他们对于世界的见解，有对他人的感触和评判。如果我们认为孩子是父母的"私有物"，就会认为他们要完全听从自己，即便我们无意中触犯了孩子的利益，在一些事情上误解了他们，恶言恶语伤害了他们，也从不向孩子低头认错，甚至表达一丝歉意。那么时间久了，父母和孩子就会产生难以填补的代沟，一些好的教育方法对孩子也将不起作用。

我们都曾经有过这样的经历，在生活中或者工作中，别人误解或者侵犯了我们，我们内心都会感到委屈甚至是气愤，但是倘若对方意识到自己的错误后，主动地道歉，表达歉意，我们大多是可以接受和原谅的，那么彼此之间的关系不会因此生疏反而可能会更亲密，这种温暖源于真诚。

妈妈正在厨房里准备晚餐，听到"哐当"一声便急忙地跑了出来，看到地上有打碎的花瓶和皮球，妈妈生气极了，对儿子说："告诉过你不能在家里踢球，你怎么这么不听话，什么时候能安静一点？"

孩子被妈妈的大声呵斥吓哭了："球不是我的，花瓶更不是我打碎的。"

听到孩子的"辩解"，母亲更生气了，随即给孩子扣上了说谎话的帽子。

这时门外响起了敲门声，原来是其他的孩子不小心将球从窗口踢了进来，是妈妈错怪了儿子。

该怎么做呢，妈妈觉得很不好意思，可是又放不下面子跟孩子道歉。

儿子哭着跑回了房间，不再理妈妈。

妈妈在客厅考虑良久，最终敲开了孩子的房门，郑重地向儿子道了歉。

儿子很吃惊，他一把抱住妈妈说："妈妈我好开心，你跟我道歉啦。"

孩子的世界总是那么单纯，他们的要求并不多，只需要爸爸、妈妈的真诚和爱护。

家长教育孩子的过程实际上也是一个教育自身的过程。当我们勇于承认自己的缺点和错误，并真诚的向孩子表达，才是对孩子最有效的教育与培养，同时是缓解亲子矛盾的一种可行的方法。

虽然父母要在孩子面前保证自己的权威性，但是如果我们做错了，就应该道歉："宝贝很遗憾，不能实现答应过你的事情，妈妈向你道歉，并且向你保证，以后一定遵守诺言。"

类似这样温暖的话语，作为父母应该常常让孩子听到，在孩子面前任何小事都不能忽视，诚心为自己的错误道歉是一种美德，可以培养孩子们不惧怕错误，敢于为人生负责的品格。

那么，聪明的父母应该怎么做呢？

首先，坦诚面对自己的过失，不向孩子掩饰错误。教育存在于生活的方方面面中，如果面对过失家长能够真诚的跟孩子道歉、讲道理，他们就能从父母身上学到勇于承认错误的好品质。如果给孩子留下"父母犯错后从来不承认"的印象，对孩子的成长就不利了。

其次，温柔的歉意能够让孩子明白，任何人都会犯错，但是任何人也都要为自己的错误承担责任。低头并不代表父母的地位会动摇，相反是爱孩子的另一种方式，通过道歉的行为，为孩子树立正确的人格榜样，从而促进孩子的健康成长。


## § 我好想也做一回"家长"

我们常常看到这样的场景：

父母一边走路一边数落着孩子，语气特别强势，样子咄咄逼人。这时候孩子往往低着头跟在后面，有时候不说话，有时候悄悄掉眼泪。

在孩子做错事之后，家长们总是拿出足够的权威告诉孩子："做错了事就要道歉；你要向隔壁的小朋友说对不起；你打碎了奶奶的花瓶要向奶奶道歉……"

　　大多数孩子都会在家长的权威和教导下承认自己的错误，并主动道歉，可是家长们有没有想过，如果是自己做错了事呢？我们会向孩子们道歉吗？会跟孩子说对不起吗？

　　金无足赤，人无完人，父母想在孩子面前树立威信和完美形象的意愿无可厚非，但是无论是谁都会犯错误，不论我们曾经是孩子，还是如今的为人父母，人的一生每个阶段都在成长，也就难免会犯错误。

　　平等地和孩子相处，不仅仅只是一句口号，父母们应该时刻提醒自己学会尊重孩子，以朋友的姿态跟他们沟通与交流。必要时，还可以与孩子互换一下角色，设身处地地体会孩子的感受。

　　在幼儿园里曾经举办过一次亲子活动，主题是"今天我做家长"，要求家长和孩子互换角色进行情景交流。

　　其中有这样一幕：

　　家长带着孩子去邻居家做客，孩子在玩具堆里玩，突然听到邻居的手机响了，孩子特别兴奋地拿过手机想要递给邻居阿姨，结果一不小心手机掉到地上摔坏了，此时家长非常生气，大声责骂孩子，孩子委屈地哭了。

　　后来家长意识到孩子也是好意，只是因为年纪小很多事情做不好，但完全不是故意的，作为家长不应该盲目地斥责孩子。

　　看看交换角色的小朋友是怎样做的吧。

　　托比看到妈妈在一边委屈地"哭"的样子，顿时表现得很平静，他跑过去拥抱了妈妈，并且说："亲爱的，对不起，我知道你是好意，想帮阿姨做事情，爸爸不该大声的指责你，原谅我好吗？"

　　接下来托比对妈妈说："那我们一起把阿姨的手机装好，好吗？"

　　我们再来看看杰森是怎么做的。

　　杰森的爸爸在一旁低着头不说话，孩子看着爸爸委屈的样子同样一言不发，此时爸爸发话了："我不是故意的，你的话伤害了我，你应该向我道歉。"

　　小杰森不耐烦地说："我是你爸爸，我怎么能向你道歉，爸爸说的话都是对的。"

爸爸的脸色顿时变了，因为儿子说话的语气跟平日里的自己竟然一模一样。爸爸体会到这种不被尊重的感觉糟糕极了。

在生活中，孩子道歉确实多于父母道歉，家长们认为自己"一字千金"，所以总是难以放下姿态真心诚意地跟孩子说句"对不起"，此时就忽视了言传身教的重要性。

因此，聪明的父母会这样做。

首先，尊重孩子，不吝惜跟孩子说句"对不起"。小孩子总是照模子学样，当我们做错事主动真诚地道歉，孩子就会明白，做错了事是需要道歉的，那么日后他们犯了错误，也会主动承担起责任，表达对别人的歉意。

其次，道歉的方式要符合孩子的年龄特点。当我们误解了孩子或者犯了错误，对于小一点的孩子来说，他们听不懂太多的道理，那么此时，家长朋友只需一个拥抱、一个歉意的表情就可以让孩子感觉到。对于大一点的能够更好地理解语言的孩子，父母的道歉要明确而坚定。

尊重孩子，放下家长高高在上的姿态平等地对待孩子并不是一个地位陡降的过程，相反，会让孩子更尊重父母。

第十九辑

# "痛苦"是我
# 成长的调味剂

给家长的备忘录：

　　别过度保护我，怕我无法接受某些"后果"。

　　很多时候，我需要痛苦的经历来学习成长。

父母们希望孩子的一生都过着幸福快乐的生活。可以说，父母是孩子的保护伞，但是如果过度保护孩子，并不是正确的爱孩子的方式。

著名教育学家蒙台梭利在他的教育理念中这样说道："要让孩子有坚强的性格，就必须从小让他经历挫折来磨练他们的心理承受力。只要具备了足够的心理承受力，他们就能自觉地意识到自己将以何种姿态面对挫折，进而运用这种姿态与困难和挫折做斗争。"

在成长过程中，孩子需要适当遭受一些挫折和痛苦才能够茁壮成长。在家长的过度保护中长大的孩子，必定是温室的花朵，日后禁不起风雨的洗礼。

## § 挫折可以让我感受坚强

对于孩子来说，一生是复杂而漫长的，不会像有想象中的一帆风顺。每个人在成长的过程中都将面临许多的挫折和挑战。因此，必须具备对挫折的承受能力，增强自信，才能更好地面对生活。

巴雷尼是诺贝尔生理学和医学奖的得主，小时候因为一次疾病影响到了他的腿，致使小巴雷尼成为残疾，对此妈妈心如刀绞。

但明智的妈妈这样想：巴雷尼人生的道路还很漫长，还会遇到更多的困难，要让他做个坚强的人，不可以就这样倒下。

母亲来到巴雷尼的病床前，拉着他的手说："孩子，妈妈相信你是个坚强的人，希望你能用自己的双腿，在人生的道路上勇敢地走下去，你能够答应妈妈吗？"

听到妈妈"狠心"的话，巴雷尼扑倒在妈妈怀里大声哭泣。

妈妈忍着眼泪和心疼，却依然没有改变主意。

从那天以后，妈妈每天陪着巴雷尼练习走路，做体操，孩子常常痛得满头冷汗，无数次想要放弃。但妈妈一直鼓励巴雷尼说："这都是些小困难，你是坚强的孩子，一定能战胜困难。"

不仅言传，妈妈还十分重视身教。

有一次妈妈发高烧，但是她没有休息，还是按照原计划帮助巴雷尼练习走路。身体的不适使妈妈几次都想要晕倒，但是为了给儿子做榜样，她咬紧牙，坚持帮巴雷尼完成了当天的锻炼计划。

母亲的榜样作用，深深教育了巴雷尼。经过巴雷尼和母亲的共同努力，巴雷尼终于恢复了大部分行走功能。

在以后的日子里，巴雷尼刻苦学习，最后，以优异的成绩考进了维也纳大学医学院。

毕业后，巴雷尼全身心地投入医学研究，战胜了一个一个困难，最终登上了诺贝尔生理学和医学奖的领奖台，成为世人尊敬的科学家。

巴雷尼之所以能够成为一个坚强的人，战胜一个个困难取得成功，同小时候妈妈的教育分不开。

作为家长，如果真心爱护孩子，就不要把他们保护得严严实实的，而是在他们遇到困难和挫折时，鼓励他们自己面对。挫折是培养孩子战胜困难、学会坚强的机会。试想永远处于顺境中的人，日后如何能够变成坚强的人？所以父母让孩子经受一些磨砺，在培养孩子信心和意志力方面未尝不是一件好事。

在孩子遭受挫折时，我们家长不妨这样做：

首先，面对挫折，让孩子自信起来。现在的孩子大多在优越的环境中生活，缺少对失败和挫折的尝试，导致每个孩子都很脆弱，受不得一点委屈，家长稍加批评就会对自己产生怀疑，没有自信，所以作为家长一定要努力培养孩子面对挫折的信心。

其次，不要过度保护孩子。过度保护不仅会让孩子变得弱不禁风，有时候也会让孩子产生什么都无所谓的心理，被宠坏的孩子总是更加不好管教，最终很容易走上歪路。

不做虎妈 不做狼爸

## § 我知道成长的历程充满"心酸"

每个孩子都是父母的心肝宝贝，做家长的总是竭尽所能，希望能够为孩子打造一个"无痛苦"的环境。

然而，研究显示，没有经历过挫折和痛苦的孩子，长大以后，生活应变能力会更低，这对孩子的成长不但无益，反而有害。在生活中，困难和挫折是不可避免的，孩子往往在挫折面前产生畏惧心理，丧失克服困难的信心。这就需要家长来帮助孩子克服这种畏惧心理，不要过分保护和溺爱孩子，让孩子亲自品尝成长路上的"心酸"。

西西是幼儿园的小朋友中最会唱歌的，因此每次都受到老师和家长的赞赏。

有一次，老师新教的歌她没有唱好，小朋友依然鼓掌，老师也没有说什么，只是少了往日的赞许。

西西很伤心，回到家里还不停地流泪，连接几天不肯上幼儿园。

妈妈问西西："宝贝，你为什么害怕去幼儿园呢？"

西西委屈地跟妈妈说："我怕别人笑话我。"

此时妈妈才发现，原来孩子面对挫折的能力这么差，这都是由于平日里由于大人们太过喜欢夸奖她乖巧可爱，而疏忽了对孩子的挫折教育。

在大人们看来，这是一件多微小的事情，可是孩子却如此看重，由此看出，要使孩子健康成长，既要让他们在赞扬声中树立自信心，同时也要让他们在挫折中磨练，这样才能成长为一个胜不骄、败不馁的人。

每一位家长都不应该轻意满足孩子的要求，因为过度满足他们，他们就感到生活中没有什么可努力的。一旦不能如愿，便会承受不起。

比如：和孩子一起逛街，孩子看到了街边小吃，就吵闹着要吃。家长们觉得这些很不卫生，一边对孩子说："这些东西不卫生，吃了要肚子痛的。"一边却又禁不住孩子的苦苦哀求而迁就他。这种做法是不明智的，家长要学会拒绝，让孩子明白，不是随意想要什么就能得到什么，这样渐渐地他们才能学会克制自己的欲望。

当孩子们在一起时，总会出现这样那样的问题，他们往往喜欢告诉老师或家长，请求帮助。这时，家长不能替代他们解决问题，而要通过其他方式，使他们自己想办法去解决。

比如：两个孩子在争抢一个小碗，大人们最好不要强制他们停止，或者用家长的权威评判小碗应该归谁，可以用小碗的口吻对他们说："你们把我拉疼了，我想和你们两个都做好朋友，怎么办呢？"这样孩子们听到了或许会感到不好意思。

或者家长可以采取沉默的态度，尽管他们可能因此"大打出手"，但是这样做的结果却是他们必须要面对失去一个朋友，或者其他的小朋友也不再理他们的危险。当孩子经历过这些，自然会反思，那么下次再遇到类似的情况，他们会衡量，同时参考这次经验再做出行为和决定，这比家长的说教要深刻得多。

由此可见，作为家长，在生活中不妨主动让孩子体验"心酸"的机会。

一方面，抓住生活中一些微小的事，磨练孩子的意志。家长要做有心人，抓住每一个机会对孩子进行这方面的教育，增强他们的心理承受力，使他们在以后的生活中可以减少挫折，增强自信心。

另一方面，在孩子眼里，家长和老师都非常高大，无所不能，但是在他们遇到问题马上求助的时候，我们不妨采取"冷眼旁观"的态度，引导他们自己去面对和解决，同时，如果我们遇到了挫折，也不要在孩子面前流露畏惧的情绪，要很快地调整自己，这对孩子们的影响也很大。

## § 苦痛其实也是我学习的养料

提到挫折和痛苦，人们脑海中浮现的一定是愤怒、哀伤、痛苦等负面情绪，因为它们给我们带来的都是不好的感觉。

但是人生路上的痛苦是无法避免的，如何教给孩子从中获得力量，才是我们所要深思的。

痛苦是孩子成长的养料，父母在挫折教育中扮演的角色，则是培养孩子的独立意识，及学习解决问题的能力。

幼儿阶段是孩子个性的确定期，及时展开挫折教育，将使他们能够坦然面对困难，从中学习成长。

孩子的行为模式会受到经验的影响，做了什么事，父母怎样回应，都会有一个印象留在在他们脑海里，成为以后行事的指标。

因此过度地溺爱与漠视，会让宝宝形成错误的认知，到了他长大时，要改变他的想法就难了。

露西不是一个敏感的小女孩，她很少因为受委屈而哭，但是一天放学回来，露西却躲在自己的房间里大哭不肯出来。

妈妈去接她放学的时候，从窗户外就看到露西不高兴地坐在一个小椅子上，原来幼儿园在玩角落游戏，很多小朋友都争先恐后地举手，老师没有叫到露西，可能是老师觉得露西不是个敏感的孩子，所以一时忽略了她。

回到家，露西所有的委屈和愤怒都倾泻了出来，她责怪妈妈："你为什么不早点来接我，我举手举得老高老高，嘴也喊着我去我去，可是老师就是没有叫我。"说完继续伤心地大哭起来。

妈妈似乎明白了小家伙为什么这么伤心，她觉得老师忽视了她，而且在她争先恐后举手的时候，她的付出没有得到回报，因此才觉得痛苦。

到了晚上，露西似乎将这件事情忘记了，但是妈妈觉得不能对孩子不理不睬，要让她明白，生活并不是总能如她所愿。

于是妈妈把露西叫到一边，给她讲了一个故事。

"妈妈小的时候很喜欢跳舞，可是有一次在一场大型演出前，不小心扭到了脚而不能参加比赛，妈妈当时也伤心极了，因为为了这次演出，我付出了很多。

"但是慢慢长大了，妈妈就明白了，人生并不是只有一场比赛，很多时候不是付出就一定会有回报，但是我们不能放弃努力。"

露西听得似懂非懂，但还是点了点头。

妈妈告诉她，明天再做游戏的时候，她还应该踊跃举手，这样老师总能看到她的。

露西眨眨眼睛，问：真的吗？

妈妈说："当然了，只要你不放弃。"

被人拒绝的滋味当然不好受，孩子小的时候倘若没有体验过被拒绝的滋味，就不会了解这份痛苦，但是当孩子经历了这种感觉，慢慢地就会认识到，这点痛苦只是人生的常态，习惯就好。而在每一次历练中，他们都将蜕变得更加坚强。

家长没有理由害怕孩子体验"痛苦"，聪明的家长们时常这样做：

其一，当孩子面临挫折或者伤心事的时候，不会立即出面帮助孩子去摆平，让痛苦的时间适当延长一些，这样孩子体验才能更深刻一些。下次在面对相同的境况，他们的承受能力才能大大的提高。

其二，偶尔做个"狠心"的父母。面对孩子伤心的哭泣，做家长的当然并不好受，但是父母们要明白，痛苦是孩子成长的养料，是不论我们多爱孩子都不能为他们扫除的"障碍"，尽管在孩子看来，有些"痛苦"真的很大，但是其实在整个的成长过程中，只是很小的一件事情。

## § 终有一日我会离开你的怀抱

成长的道路上，不可避免地充满了各式压力与挫折，父母担心孩子受到伤害，所以往往在事件发生之前，便急于替他们扫除一切障碍，期盼孩子能在无忧无虑的环境下长大。

但是无论爸爸、妈妈再怎么保护孩子，孩子终有一天都会离开父母的怀抱，展开自己的羽翼，独自飞翔。

与其让孩子日后发现这个世界不完美，承受加倍的痛苦，不如在孩子小时候，遇到挫折时就对他展开机会教育。与其想办法让孩子远离失望，不如教会他们如何面对挫折，如何重新振奋。很多教育专家指出：有能力应对失望和痛苦的孩子，常常更容易得到快乐。

早在两天前托比就与小伙伴约定，星期天带上刚买的小皮球，去公园的草地上玩儿。

周六晚上，托比临睡前把小皮球装入袋子并且放在床边。

第二天清晨，托比很早就醒了，他穿好了衣服等着小伙伴来找他，可是左等右等都不见人影，后来小朋友的妈妈打来电话，说今天孩子病了不能和托比一起出去玩了，托比满脸失望，眼睛里闪烁着泪水。

妈妈看在眼里，但是并没有说要带托比去公园玩。而是问托比："朋友生病了，要不要去看望一下他呢？等小朋友病好了，你们可以再约时间一起玩。"生活中总会发生一些变数，孩子要自己去体验失望和由此带来的难过心情，家长不能在发生任何事情的时候都替他们解决。

生活中充满着大大小小的失望，很多父母都想使孩子尽量远离它。其实，如果孩子能够在早期学会如何应对失望，那么整个孩童时代甚至是成人以后，他们都可以保持快乐的心态。

所以在孩子面对失望时，父母不要第一时间出来"圆场"，而是要让他们知道如何寻找合理的帮助、与人沟通和保持乐观的心态。不要试图为孩子扫清所有的障碍，使他远离挫折。

事实上，即便父母想方设法，费劲周折，也不可能使孩子一丁点儿都不受挫折的打扰，可以不体验和经历失望的感受，即便躲开挫折一次，也不能一生都避免。

因此，在生活中，如下方法可以为家长朋友们提供参考：

首先，挫折教育最大的收获就是培养宝宝的独立。家长要把培养孩子独立性的目标装在心里，生活中处处是教育。家长可以根据孩子的年龄特点经常为孩子提供独立活动的机会和条件，帮助他们逐步学会自己做事、自己动脑筋想问题。

其次，凡是孩子自己能做的应该让他自己做，不要代替他，这是一个教育原则。一般2-3岁的孩子就有了强烈的自己做事的要求，他有这种独立愿望，家长就应因势利导地培养孩子日常生活的初步自理能力。

最后，当面对困难和挫折，让孩子学会独自面对。让孩子学会勇敢地面对问题，并明确解决问题的方法。父母可以引导，但是不要直接将解决问题的方法告诉孩子，可以给孩子必要的提示和帮助，不断提升孩子独立解决问题的能力。

　　孩子未来的道路要靠他们自己去走，未来的生活要靠他们自己去创造，爸爸、妈妈疼孩子，爱孩子，就要为孩子作长远打算。

# 后 记

## 与孩子一起成长

有人说，当一个小婴儿出生的时候，一对父母也就诞生了。

在父母眼中，孩子是掌上明珠，是未来的希望，是生命的支柱，也是精神的寄托。

在孩子眼中，父母则是一生的依靠，是一世的温暖，更是最好的老师。

可是，很多家长在被问及有了孩子之后的生活时，大多都会回答："痛并快乐着，而且这种快乐比痛真的多了很多很多。"

的确，教育是一项终身工程，教育孩子也是一项由家长和孩子共同完成的超级复杂的事业。不过，虽然孩子给我们带来了很多"麻烦"，但孩子却又是我们做家长的一生中最甜蜜的"负担"。

似乎就在昨天，我们的小家伙还在咧着嘴笑，嘴角挂着口水，粗心大意地打破东西、碰翻物品，走路不时地摔跟头，吃饭时弄得餐桌"一塌糊涂"，用自己的"小聪明"跟我们斗智斗勇，引得我们开心大笑，当然也让人烦恼抓狂……

我们肯定会记得，阳光明媚的午后花园，那个趴在地上打滚、唱着五音不全的歌曲、横七竖八摇摇晃晃地走路、为了追赶一只蝴蝶而汗流浃背的小天使，究竟带给了我们多少快乐和幸福。

当我们回想起牵着宝贝的小手走路，亲密地和宝贝挤在一张沙发上讲着故事，第一次送宝贝走进幼儿园时那双舍不得我们离开的眼睛……依然可以享受着幸福的痛感。

是的，这就是我们可爱的孩子，让每一位父母都能感受到共同成长快乐的小天使。

随着时间的飞逝，我们是否意识到：那个曾经上一秒还在嚎啕大哭、满脸泪水鼻涕，下一秒就会哈哈大笑、惹人惊喜的小家伙，正在不知不觉中悄悄长大了呢？而在这个过程中，成长的还有我们自己。

就像托比的妈妈那样。

游戏区内的小托比和小朋友们正玩得不亦乐乎，可是回家的时间到了，托比的妈妈先是这样做的："托比，该回家了！"

托比好像根本没听到妈妈在叫。对于他来说，自己和朋友玩得正起劲儿，妈妈的话很让人扫兴。

于是托比的妈妈试着换一种方法。她坐在长椅上和别人聊天，一会儿转头对托比说："再过五分钟我们就要回家哦！"她伸出了五根手指头示意。

两分钟后，托比的妈妈又说："托比，我们三分钟后就要回家了。"这次她伸出了三根手指头。

又是两分钟后，妈妈再次提醒托比："还有最后一分钟！你是要荡秋千还是再玩一次滑梯？"

只见托比兴冲冲地喊道："玩滑梯。"

之后，当妈妈再说"时间到了"的时候，托比便很快乐地跟妈妈回家了。

可见，在孩子的成长过程中，家长在了解孩子内心、运用教育方式上，也是在实现自我的成长。这种成长在本质上，应随着孩子的开心而快乐起来。

没有教不好的孩子，只有不会引导的父母。教育孩子其实就是在教育我们自己，只有主动寻求自我成长的父母，才能培养出健康有希望的孩子。

时间当然过得飞快，孩子们很快也会长大。当纯真的快乐随着时光流逝变成我们记忆的时候，家长朋友们将会收获一份别人给不了的心得：与宝贝们一起成长真的很不容易，但的确值得亲自去尝试。

所以，为了每一个孩子可以身心健康地成长，就请家长朋友们学会跟着他们一起成长吧！